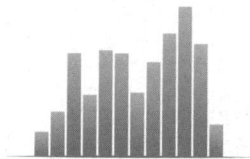

均线关键技术
分析与应用实战

郑　葭◎编著

中国铁道出版社有限公司

CHINA RAILWAY PUBLISHING HOUSE CO., LTD.

图书在版编目（CIP）数据

均线关键技术分析与应用实战 / 郑葭编著. -- 北京：
中国铁道出版社有限公司，2024. 10. -- ISBN 978-7-113-
31490-3

Ⅰ. F830. 91

中国国家版本馆CIP数据核字第2024XC2519号

书　　名：均线关键技术分析与应用实战
　　　　　JUNXIAN GUANJIAN JISHU FENXI YU YINGYONG SHIZHAN
作　　者：郑　葭

责任编辑：杨　旭　　编辑部电话：（010）51873274　　电子邮箱：823401342@qq.com
封面设计：宿　萌
责任校对：刘　畅
责任印制：赵星辰

出版发行：中国铁道出版社有限公司（100054，北京市西城区右安门西街 8 号）
印　　刷：河北燕山印务有限公司
版　　次：2024 年 10 月第 1 版　2024 年 10 月第 1 次印刷
开　　本：710 mm×1 000 mm　1/16　印张：10.75　字数：157 千
书　　号：ISBN 978-7-113-31490-3
定　　价：69.00 元

前　言

在变幻莫测的股市中，技术分析作为一种重要的投资工具，对于投资者来说具有不可替代的价值。它通过对市场历史数据的解读来揭示市场的内在规律和趋势，从而帮助投资者更好地理解市场动态和价格变化。同时，技术分析还为投资者提供了一种科学、客观的分析方法，帮助投资者科学制定投资策略，减少因为盲目交易导致的亏损。

在众多的技术分析方法中，均线技术以其直观、简单、有效的特点，深受广大投资者的喜爱。均线通过平滑市场价格波动，能够清晰地展示市场短期、中期和长期的运行趋势。另外，投资者通过对不同周期的均线进行分析，可以更好地预测股价未来的变动方向，为寻找更可靠的买卖点及进行买卖决策提供重要的参考依据。

然而，投资者要想真正掌握均线技术的应用核心与操作精髓，还需要对其进行细致深入的学习。只有灵活掌握，才能更好地在实战中应用。

为了让更多的投资者了解并掌握均线技术的核心操作要点，并在实战中用好均线技术，提高预测的准确性和可靠性，更科学、客观地执行买卖决策，笔者编写了本书。

全书共五章，可分为三部分：

第一部分为第1章，针对均线技术的基本知识进行介绍，具体内容包括均线的构成与原理、周期与相关设置、复权处理、技术特性及各种基本形态的应用等。通过对这部分内容的学习，读者可以更快入门。

第二部分为第 2～4 章，从均线技术本身的角度进行介绍，具体内容包括均线周期特性应用技巧、经典法则应用及特殊形态的应用。通过对这部分内容的学习，读者可以掌握均线一些常规的实用技巧。

第三部分为第 5 章，从均线与其他技术结合使用的角度进行介绍，具体内容包括均线与 K 线技术、波浪理论、MACD 指标的结合应用。通过对这部分内容的学习，读者可以提高均线技术综合应用的能力，从而更精准地寻找可靠的买卖点。

本书内容由浅入深、循序渐进，在讲解过程中，为了让读者能够更加直观、牢固地掌握相关实战应用技法，笔者安排了大量的典型实例，并基于真实的行情走势进行细致分析，提升读者的实战能力。

最后，希望所有读者通过对书中知识的学习，提升自己的股票操作技能，收获更多的投资收益。但任何投资都有风险，也希望广大投资者在入市和操作过程中谨慎从事，规避风险。本书内容也仅是从知识的角度讲解相关技术的用法，并不能作为投资者实际买卖股票的唯一参考依据。

郑 葭

2024 年 6 月

目 录

第 1 章　均线技术基本应用掌握

1.1　均线基础知识概述 2

1.1.1　认识均线的构成与原理 2

实例分析 平安银行（000001）5 日均线值的计算 3

1.1.2　了解均线的周期与相关设置操作 4

实例分析 将默认的均线系统更改为长期均线组合 6

实例分析 国药一致（000028）5 周均线值的计算 8

1.1.3　运用均线时要对 K 线图进行复权处理 10

实例分析 兖矿能源（600188）权息变动后 K 线图的变化 11

实例分析 兖矿能源（600188）前复权处理的设置 12

1.1.4　掌握均线的技术特性 16

1.2　均线基本形态用法详解 20

1.2.1　均线交叉形态用法 20

1.2.2　均线排列形态用法 24

1.2.3　均线黏合形态用法 25

1.2.4　均线发散形态用法 27

实例分析 美丽生态（000010）上涨行情初期和途中的均线发散形态分析 28

实例分析 深科技（000021）大幅上涨高位的均线发散形态分析 29

实例分析 深桑达 A（000032）下跌行情初期和途中的均线发散形态分析 30

实例分析 华联控股（000036）大幅下跌低位的均线发散形态分析 30

1.2.5　均线背离形态用法 31

第 2 章 均线周期特性应用技巧

2.1 常见单根均线实战应用技巧 36

2.1.1 跌破 5 日均线卖出 36

实例分析 北方国际（000065）蓄势拉升后跌破 5 日均线卖出分析...........36

2.1.2 假跌破 10 日均线买入分析 37

实例分析 深南电 A（000037）上涨途中假跌破 10 日均线买入分析..........38

2.1.3 回调不破 30 日均线买入 39

实例分析 深科技（000021）上涨途中股价回调不破 30 日均线

买入分析 40

2.1.4 60 日均线的应用技巧 42

实例分析 国药一致（000028）60 日均线买卖分析.......................43

2.2 不同周期均线组合实战应用 46

2.2.1 短期均线组合应用 46

实例分析 中兴通讯（000063）5 日、10 日和 30 日均线组合应用...........47

2.2.2 中期均线组合应用 49

实例分析 甘肃能化（000552）10 日、30 日和 60 日均线组合应用..........50

2.2.3 长期均线组合应用 54

实例分析 深物业 A（000011）30 日、60 日和 120 日均线组合应用.........55

第 3 章 均线经典应用法则详解

3.1 快速了解葛兰威尔买卖法则 61

3.1.1 一图展示葛兰威尔买卖法则..61

3.1.2 葛兰威尔买卖法则基本内容..62

3.2 葛兰威尔买入法则技术应用 63

3.2.1 第一买入法则应用：向上突破买进 63

实例分析 ST 数源（000909）股价放量突破 60 日均线买入分析.............64

3.2.2 第二买入法则应用：回调不破止跌 67

实例分析 电广传媒（000917）股价回调获 60 日均线支撑加仓分析..........68

3.2.3 第三买入法则应用：小幅破位上拉...................................70

实例分析 东方盛虹（000301）股价小幅跌破 60 日均线后止跌

上拉分析...71

3.2.4 第四买入法则应用：偏离过大反弹.............................74

实例分析 藏格矿业（000408）下跌初期股价偏离 60 日均线止跌

抢反弹...75

3.3　葛兰威尔卖出法则技术应用...77

3.3.1 第一卖出法则应用：向下跌破卖出.............................77

实例分析 韶能股份（000601）股价跌破 60 日均线卖出分析..........78

3.3.2 第二卖出法则应用：反弹不过止涨.............................80

实例分析 中油资本（000617）下跌途中反弹不过 60 日均线卖出分析 81

3.3.3 第三卖出法则应用：小幅突破下拉.............................83

实例分析 湖北宜化（000422）反弹短暂突破向下的 60 日均线

卖出分析...83

3.3.4 第四卖出法则应用：偏离过大回落.............................86

实例分析 北方国际（000065）股价快速上涨偏离 60 日均线卖出分析 86

第 4 章　特殊形态涨跌信号应用

4.1　看涨均线形态应用...91

4.1.1 银山谷形态...91

实例分析 特发信息（000070）不同位置的银山谷买入分析.....................92

4.1.2 金山谷形态...96

实例分析 广聚能源（000096）上涨途中金山谷买入分析..........................97

4.1.3 逐浪上升形态...99

实例分析 东方盛虹（000301）逐浪上升形态买入分析.........................101

4.1.4 蛟龙出海形态...104

实例分析 *ST 深天（000023）下跌行情中蛟龙出海形态买入分析..........105

实例分析 飞亚达（000026）上涨行情中蛟龙出海形态买入分析..............108

4.1.5 鱼跃龙门形态 111

实例分析 鱼跃龙门形成后直接拉升分析 112

实例分析 焦作万方（000612）鱼跃龙门形态后回踩不破买入分析 117

4.2 看跌均线形态应用 119

4.2.1 死亡谷形态 119

实例分析 中国宝安（000009）下跌行情初期的死亡谷形态卖出分析 120

4.2.2 逐浪下跌形态 122

实例分析 万科 A（000002）逐浪下跌形态卖出分析 124

4.2.3 断头铡刀形态 127

实例分析 天坛生物（600161）上涨行情中断头铡刀形态卖出分析 128

第 5 章　均线与其他技术综合应用

5.1 均线与 K 线技术的攻守方略 131

5.1.1 看涨 K 线组合与均线结合应用 131

实例分析 中闽能源（600163）大幅下跌低位平底线与均线结合应用 132

5.1.2 看跌 K 线组合与均线结合应用 135

实例分析 深物业 A（000011）上涨高位看跌 K 线组合与均线结合应用 137

5.2 均线与波浪理论的攻守方略 140

5.2.1 波浪理论知识概述 140

5.2.2 结合均线发现浪 3 启动 143

实例分析 深圳能源（000027）突破 5 日均线发现浪 3 启动 144

5.2.3 结合均线分析浪 5 见顶 147

实例分析 国药一致（000028）大幅偏离均线后死叉预示浪 5 结束 149

5.3 均线与 MACD 指标的综合应用实战 152

5.3.1 MACD 指标基本掌握 152

5.3.2 均线与 MACD 指标结合找底部 156

实例分析 海德股份（000567）MACD 指标底背离后结合均线找买点 156

5.3.3 均线与 MACD 指标结合找顶部 159

实例分析 威孚高科（000581）MACD 指标顶背离后结合均线找卖点 159

第1章

均线技术基本应用掌握

均线技术是股市中的一种重要技术分析工具，主要用于追踪价格的变化趋势，能够帮助投资者对股价未来的走势进行一定的预测，进而为买卖决策提供参考。本章将对均线技术的基本应用知识进行介绍，为后面的深入学习奠定基础。需要特别说明的是，本书所有的内容均是从理论的角度来介绍均线技术的应用，由于影响股价走势的因素很多，因此书中介绍的技术不能作为投资者进行趋势预判的唯一参考依据。

1.1 均线基础知识概述

均线通常指的是移动平均线，英文简称是 MA，因此也被称为 MA 指标，它是技术分析中一种比较简单易学的炒股指标。对于新手投资者来说，学好均线技术，掌握其基本的基础知识是必不可少的。

1.1.1 认识均线的构成与原理

个股中的均线是用统计分析的方法将一定时期内的股价加以平均，并把不同时间的平均值连接起来，形成一条 MA 曲线，用于观察股价变动趋势的一种技术指标。

均线是直接加载在炒股软件主图上的，默认情况下显示 5 日、10 日、30 日和 60 日均线，如图 1-1 所示。

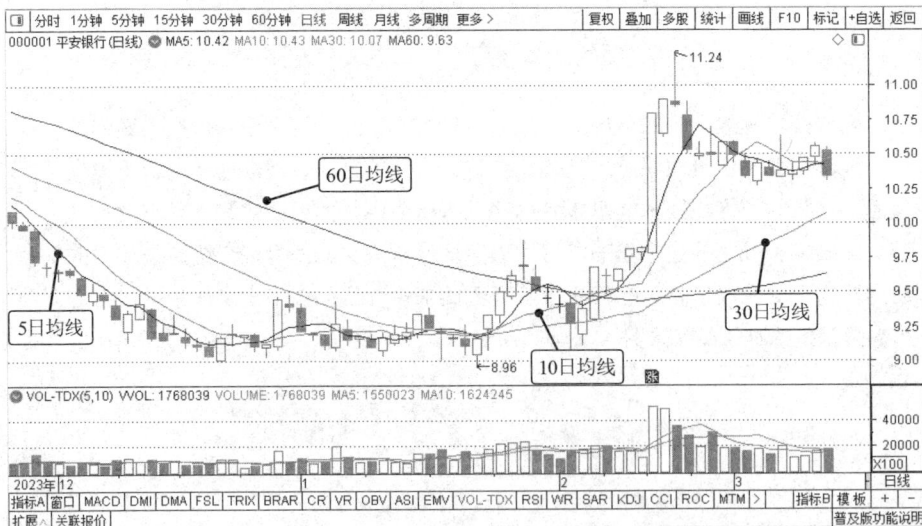

图 1-1　炒股软件上的均线

由于均线是按固定样本数计算股价移动平均值的平滑连接曲线，因此该曲线各点的计算公式是：

N 日移动平均线 $=N$ 日收盘价之和 $\div N$

下面通过一个实例来进行具体的说明。

实例分析 平安银行（000001）5 日均线值的计算

图 1-2 为平安银行 2024 年 1 月 22 日至 1 月 26 日的基本行情数据。

平安银行		平安银行		平安银行		平安银行		平安银行	
时间	2024/01/22/一	时间	2024/01/23/二	时间	2024/01/24/三	时间	2024/01/25/四	时间	2024/01/26/五
数值	9.15	数值	9.08	数值	9.28	数值	9.40	数值	9.57
开盘价	9.16(-0.11%)	开盘价	9.05(-0.55%)	开盘价	9.23(0.76%)	开盘价	9.33(0.00%)	开盘价	9.47(-0.32%)
最高价	9.26(0.98%)	最高价	9.18(0.88%)	最高价	9.34(1.97%)	最高价	9.54(2.25%)	最高价	9.67(1.79%)
最低价	9.04(-1.42%)	最低价	8.96(-1.54%)	最低价	9.07(-0.98%)	最低价	9.27(-0.64%)	最低价	9.44(-0.63%)
收盘价	9.10	收盘价	9.16	收盘价	9.33	收盘价	9.50	收盘价	9.62
成交量	158.0万	成交量	113.6万	成交量	175.9万	成交量	216.3万	成交量	227.2万
成交额	14.5亿	成交额	10.3亿	成交额	16.2亿	成交额	20.4亿	成交额	21.7亿
涨幅	-0.07(-0.76%)	涨幅	0.06(0.66%)	涨幅	0.17(1.86%)	涨幅	0.17(1.82%)	涨幅	0.12(1.26%)
振幅	0.22(2.40%)	振幅	0.22(2.42%)	振幅	0.27(2.95%)	振幅	0.27(2.89%)	振幅	0.23(2.42%)
换手率	0.81%	换手率	0.59%	换手率	0.91%	换手率	1.11%	换手率	1.17%
流通股	194亿	流通股	194亿	流通股	194亿	流通股	194亿	流通股	194亿

图 1-2　平安银行 2024 年 1 月 22 日至 1 月 26 日的基本行情数据

从图 1-2 中可以看到，该股这 5 日的收盘价分别是 9.10、9.16、9.33、9.50 和 9.62，则 5 日移动平均线 =5 日收盘价之和 ÷5=（9.10+9.16+9.33+9.50+9.62）÷5=9.34。

计算得出的 9.34 就是 1 月 26 日当天 5 日均线的值，而从炒股软件图中也可以查看到当日的 5 日均线的值就是 9.34，如图 1-3 所示。

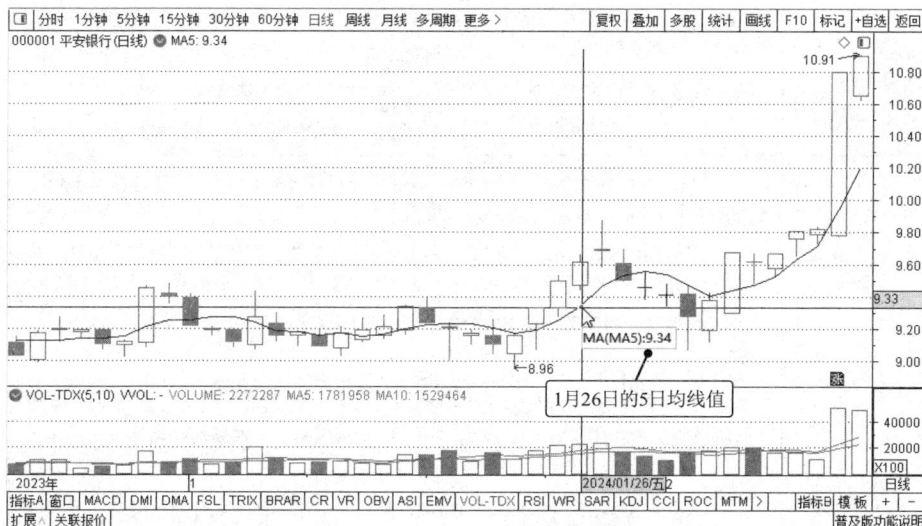

图 1-3　从炒股软件中查看到的 5 日均线的值

1.1.2　了解均线的周期与相关设置操作

图 1-1 中的均线有 5 日均线、10 日均线、30 日均线和 60 日均线，这里的某日就是均线的周期。下面来分别了解与均线周期有关的基础知识和相关设置操作。

1. 常见均线的周期及其意义

不同周期的均线意义不同，表 1-1 列举了常见均线的周期及其对应的市场意义。

表 1-1　不同周期的均线的市场意义

均线周期	市场意义
5 日均线	5 日均线也被称为攻击线，作用是推动股价在短期内形成攻击形态，是短期投资者买卖判断的重要参考线。其市场指导意义如下： ①当 5 日均线快速拉升，说明短期有大量资金流入推动股价上涨，可视为一个短期买入信号。 ②当 5 日均线急剧下滑，说明短期有大量资金流出带动股价下跌，可视为一个短期卖出信号
10 日均线	10 日均线也被称为操作线，主要是推动股价在中期时间内持续上涨或持续下跌。其市场指导意义如下： ①当股价突破向上运行的 10 日均线，说明个股将开启上涨趋势，可视为买入信号。 ②当股价跌破向下运行的 10 日均线，说明个股将开启下跌趋势，可视为卖出信号
20 日均线	20 日均线也被称为辅助线，作用是协助 10 日均线推动并修正价格涨跌的力度，稳定价格运行方向。其市场指导意义如下： ①当股价突破向上运行的 20 日均线，说明一段波动拉升的中线行情已经启动，是一种做多信号。 ②当股价跌破向下运行的 20 日均线，说明一段波动下跌的中线行情已经启动，是一种做空信号
30 日均线	30 日均线也被称为生命线，作用是指明行情中期运行的趋势。该均线对股价具有一定的支撑和阻力作用，因此常常被用于衡量市场短、中期趋势的强弱。其市场指导意义如下： ①当股价向上突破 30 日均线，说明 30 日均线的压制作用失效，个股可能会开启上涨趋势，投资者可做多。 ②当股价向下跌破 30 日均线，说明 30 日均线的支撑作用失效，个股可能会开启下跌趋势，投资者可做空

续上表

均线周期	市场意义
60 日均线	60 日均线通常是用于指明行情的中期反转趋势，因此也被称为决策线。其市场指导意义如下： 　①当股价放量向上突破 60 日均线，说明下跌行情结束，上涨行情即将开启，投资者可以进行买入。 　②当股价放量向下跌破 60 日均线，说明上涨行情结束，下跌行情即将开启，投资者可以进行卖出
120 日均线	120 日均线也被称为趋势线，作用与 60 日均线差不多，也是用于指明行情的中长期反转趋势，其市场指导意义如下： 　当股价放量向上突破或向下跌破 120 日均线，说明中长期趋势反转，此时中长期投资者可进行买入或卖出
250 日均线	250 日均线也称为牛熊线，通常作为牛熊走势的分界线使用，用来判断个股的大趋势转变。其市场指导意义如下： 　①当 250 日均线从下降变为上升时，说明市场中的多头力量重新聚集，且占据优势，当股价上穿 250 日均线，说明牛市来临，后市看涨，投资者宜做多。 　②当 250 日均线从上升变为下降时，说明市场中的空头力量逐步聚集，且占据优势，当股价下穿 250 日均线，说明熊市来临，后市看跌，投资者宜做空

　　以上的各均线从周期长短的角度来看，还可以分为短期均线、中期均线和长期均线三类，各周期均线介绍见表 1-2。

表 1-2　不同周期类型的均线介绍

周期类型	具体介绍
短期均线	指周期在一个月以下的均线，波动较大，过于敏感，适合短期投资者。常用的短期均线包括 5 日均线和 10 日均线，其中，5 日均线代表一个星期内的股价运行方向；10 日均线代表半月内的股价运行方向
中期均线	指周期在一个月以上、半年以下的移动平均线，走势较沉稳，因此更为常用。常用的中期均线有 20 日线、30 日线及 60 日线，20 日线和 30 日线称为月均线，代表一个月的平均价或成本；60 日线也称为季线，另外还有以 55 日或 72 日均线作为中期平均线的。 　　通常来说，中期均线有效性极高，尤其在股市运行方向尚未十分明朗之前，可以预先显示股价未来变动方向
长期均线	指半年以上的均线，走势过于稳重不灵活，适合长线投资者。在国外股市技术分析中所采用的长期均线多以 200 日为准；在国内则多以半年以上的时间样本作为长期均线，通常以 120 日均线代表半年线，以 250 日均线代表年线

2. 均线周期的设置操作

在实际使用过程中，投资者可根据自己的使用习惯更改默认的均线周期和设置，下面以将系统默认的均线组合更改为长期均线系统为例，讲解均线周期和数量的设置操作。

实例分析 将默认的均线系统更改为长期均线组合

默认炒股软件中的均线有四条，而常见的长期均线组合由 30 日均线、60 日均线和 120 日均线构成（有关长期均线组合的具体内容将在本书第 2 章介绍）。要将默认的均线系统更改为长期均线组合，就要对默认均线的周期和数量进行修改。

虽然炒股软件有很多种，但是更改均线的周期和数量的操作都差不多。以通达信炒股软件为例，可以通过程序提供的调整均线指数参数对话框来实现，具体操作如下：

进入任意个股的 K 线图界面，在顶部可以查看到当前默认显示的四条均线，在其中选择任意一条均线，这里选择 60 日均线，右击，在弹出的快捷菜单中选择"调整指标参数"命令，如图 1-4 所示。

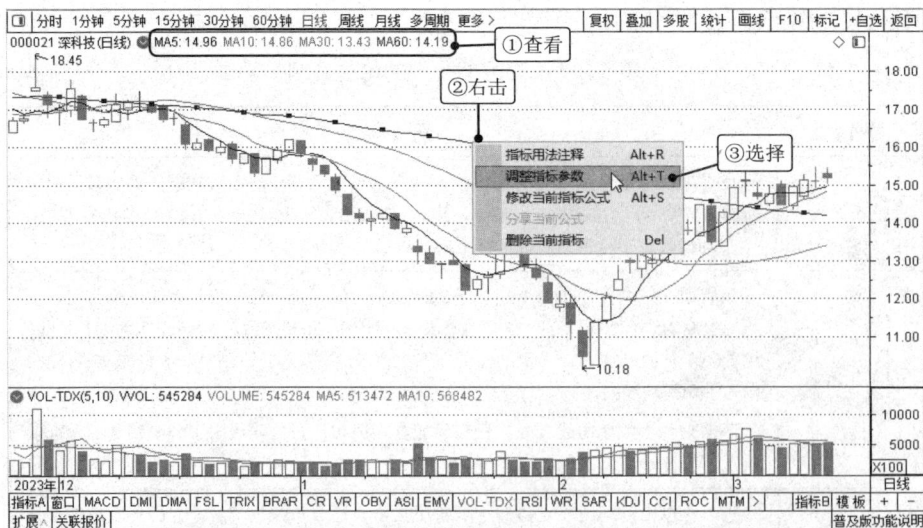

图 1-4 选择"调整指标参数"命令

在打开的"[MA] 指标参数调整（日线）"对话框中可以查看到当前炒股软件中的均线组合，分别在前四个参数框中依次录入 30、60、120 和 0，其中，30、60、120 表示设置的均线的周期，将第四条均线的参数设置为 0，表示在 K 线图中不显示这条均线。设置均线的周期和条数后，单击"关闭"按钮，如图 1-5 所示。

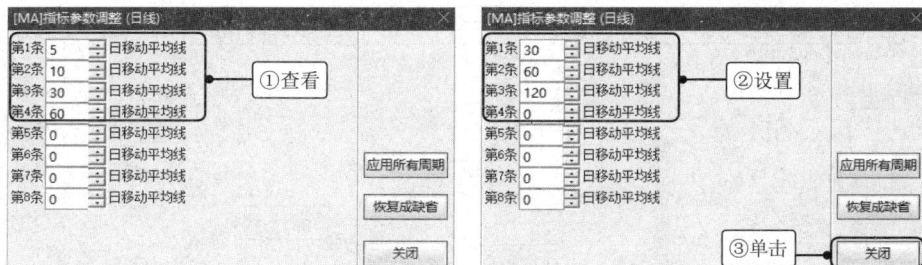

图 1-5　设置均线的周期和条数

在返回的 K 线图中即可查看到顶部只有三个均线周期，下方也只有三条均线，如图 1-6 所示。

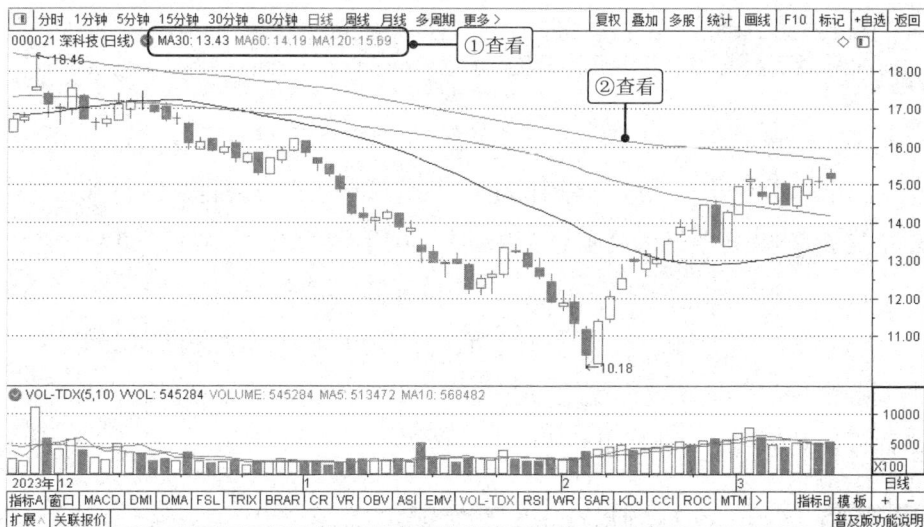

图 1-6　查看修改均线周期和条数后的均线

3. 了解周均线

前面介绍的均线都是日周期均线，即是基于"日"来区分和设置的，也可以称为日均线系统。其实均线还有月周期、季周期、年周期之分，这些周期的划分是根据 K 线的周期来确定的。

下面以周均线为例来进行讲解。

当炒股软件中 K 线的周期为周 K 线时，对应的均线就是周均线，如图 1-7 所示。

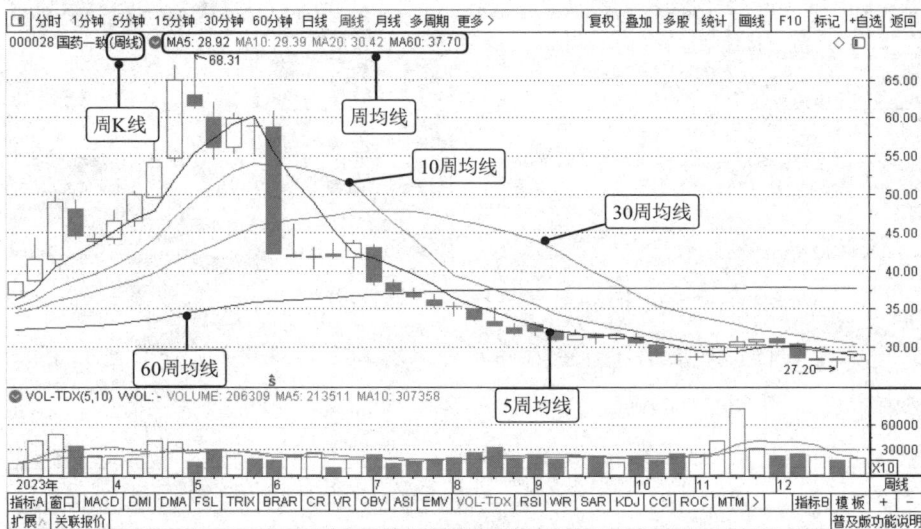

图 1-7　炒股软件中的周均线

从图 1-7 中可以看到，此时的 K 线图是周 K 线图，因此对应的均线就是周均线系统，各条均线分别是 5 周均线、10 周均线、30 周均线和 60 周均线。

那么，周均线系统中的各均线是如何计算的呢？

以 5 周均线为例，它表示将股票过去 5 周的收盘价加起来再除以 5，得到的平均数就是 5 周均线的值，然后将这些值连接起来就是 5 周均线。下面通过具体的实例来具体说明。

实例分析 **国药一致（000028）5 周均线值的计算**

图 1-8 为国药一致 2024 年 2 月 2 日至 3 月 8 日的基本行情数据。

国药一致	✕
时间	2024/02/02/五
数值	29.92
开盘价	30.14(0.30%)
最高价	31.58(5.09%)
最低价	28.17(-6.26%)
收盘价	29.09
成交量	412895
成交额	12.5亿
涨幅	-0.96(-3.19%)
振幅	3.41(11.35%)
换手率	8.64%
流通股	4.78亿

国药一致	✕
时间	2024/02/08/四
数值	30.56
开盘价	28.83(-0.89%)
最高价	32.56(9.52%)
最低价	27.20(-6.50%)
收盘价	31.20
成交量	308181
成交额	9.32亿
涨幅	2.11(7.25%)
振幅	4.66(16.02%)
换手率	6.45%
流通股	4.78亿

国药一致	✕
时间	2024/02/23/五
数值	31.67
开盘价	31.21(0.03%)
最高价	31.86(9.52%)
最低价	30.40(-2.56%)
收盘价	32.41
成交量	360553
成交额	11.4亿
涨幅	1.21(3.88%)
振幅	2.16(6.92%)
换手率	7.54%
流通股	4.78亿

国药一致	✕
时间	2024/03/01/五
数值	31.67
开盘价	32.29(-0.37%)
最高价	32.60(0.59%)
最低价	30.95(-4.50%)
收盘价	31.38
成交量	229828
成交额	7.27亿
涨幅	-1.03(-3.18%)
振幅	1.65(5.09%)
换手率	4.81%
流通股	4.78亿

国药一致	✕
时间	2024/03/08/五
数值	31.67
开盘价	31.38(0.00%)
最高价	32.49(3.54%)
最低价	31.22(-0.51%)
收盘价	32.10
成交量	257484
成交额	8.21亿
涨幅	0.72(2.29%)
振幅	1.27(4.05%)
换手率	5.39%
流通股	4.78亿

图 1-8　国药一致 2024 年 2 月 2 日至 3 月 8 日的基本行情数据

从图 1-8 中可以看到，该股这 5 周的收盘价分别是 29.09、31.20、32.41、31.38 和 32.10，则 5 周移动平均线 =5 周收盘价之和 ÷5=（29.09+31.20+32.41+31.38+32.10）÷5=31.24

计算得出的 31.24 就是 5 周均线的值，这与炒股软件图中查看到对应的 5 周均线是一样的，如图 1-9 所示。

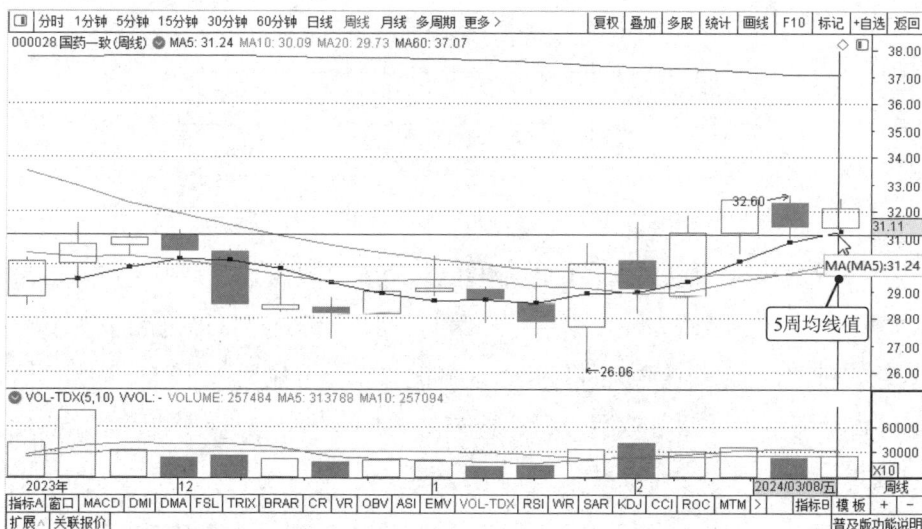

图 1-9　从炒股软件中查看到的 5 周均线的值

需要特别说明的是，我国沪深股市的交易时间为每周一到周五，周六周日及国家规定的其他法定节假日不交易。也就是说，如果国家规定的法定节假日在周一至周五，那么股市也是不进行交易的。

因此，在周 K 线图中，并不是每一周都是五天，即周 K 线图中的周 K 线的收盘价不一定是每周五。如果某一周的星期五是国家法定节假日，则这一天是不进行交易的，对应的这一周只有四天是交易日，其对应的周K线的日期就为星期四的日期。

如上例中，这连续5周中的第二周就只有四天在交易，这是因为2024年2月9日星期五这一天为除夕，因此，这一周的周K线的日期就为2月8日。

图1-10列举了这5周的具体日期。

2024年2月日历

一	二	三	四	五	六	日
29	30	31	1	2	3	4
5	6	7	8	9 除夕	10 休	11 休
12 休	13 休	14 休	15 休	16 休	17 休	18
19	20	21	22	23	24	25
26	27	28	29	1	2	3
4	5	6	7	8	9	10

图1-10　2024年1月29日至3月10日的交易日

从图1-10中可以看到，这段时间内共有6个星期五，其中2月9日为除夕，2月10日至17日为休息日。因此，股市的交易日即为图中有填充颜色的日期,对应的连续五周每一周尾部的日期就分别为2月2日、2月8日、2月23日、3月1日和3月8日，这与图1-8国药一致连续5周的周K线日期是一致的。

1.1.3　运用均线时要对K线图进行复权处理

由于上市公司的配股、转股等因素，个股会在K线图上留下除权的缺口，直观地看就是K线图上会出现一个巨大的空隙，这就打破了均线的连续性，从而干扰投资者的判断。

下面结合具体的走势来说明。

实例分析 兖矿能源（600188）权息变动后 K 线图的变化

图 1-11 为兖矿能源 2023 年 4 月至 12 月的 K 线走势。

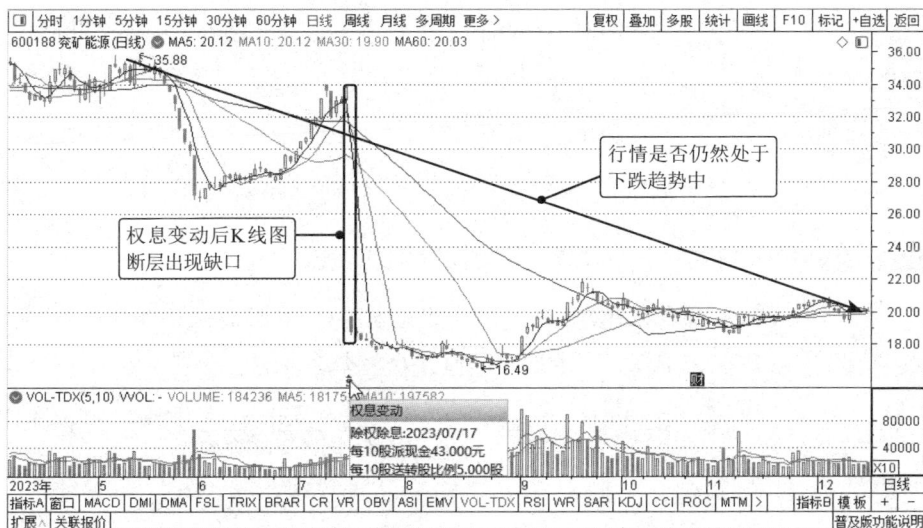

图 1-11　兖矿能源 2023 年 4 月至 12 月的 K 线走势

从图 1-11 中可以看到，在 2023 年 7 月 17 日，该上市公司进行了一次分红扩股，每 10 股派现金 43.00 元，每 10 股转送股比例 5 股。

在这一操作下，K 线图中的股价相较于早期来说会大打折扣，反映出来的现象就是一个巨大的缺口。这一现象也会导致均线的方向和角度发生重大变化，呈现出急速向下运行的趋势，并且周期越短的均线变化越明显。

在以上的实例中，仅从 K 线图来看，好像股价是在继续下跌，事实上真的如此吗？

其实个股在除权后，K 线和均线已经不能真实地反映股价的运行趋势了，进而会影响投资者在实战中对行情趋势和买卖点的正确判断。

因此，为了避免由于除权因素造成均线和 K 线走势不连续带来的分析影响，投资者可以在分析这个时间段前后的走势时对该股进行复权处理。

所谓复权就是对股价和成交量进行权息修复，按照股票的实际涨跌绘制股价走势图，并把成交量调整为相同的股本口径，以保持股价走势的连续性。复权的表现形式有两种，即前复权和后复权，下面分别对这两种复权形式进行介绍。

1. 前复权处理

前复权就是指保持现有的价格不变，将以前的价格缩减，同时将除权前的 K 线向下平移，使 K 线图中的巨大缺口连接起来，从而保持股价走势的连续性。

下面通过具体实例来了解对股票设置前复权处理的相关操作。

实例分析 兖矿能源（600188）前复权处理的设置

前复权处理的操作很简单，进入个股的 K 线图后，在炒股软件顶部单击"复权"按钮，在弹出的下拉菜单中选择"前复权"命令即可，如图 1-12 所示。

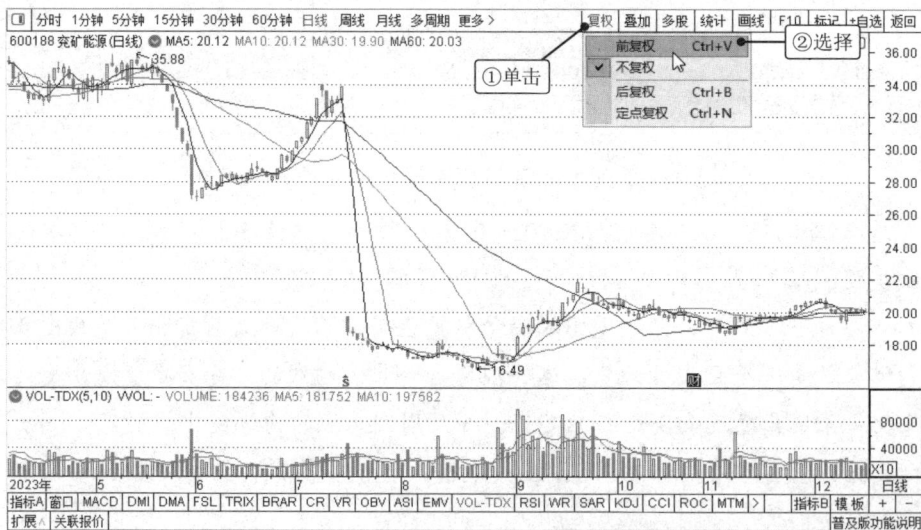

图 1-12 在下拉菜单中执行"前复权"命令

或者在 K 线图界面的空白位置右击，在弹出的快捷菜单中选择"复权处理"命令，在弹出的子菜单中选择"前复权"命令，也可以对个股的 K 线图进行前复权处理，如图 1-13 所示。

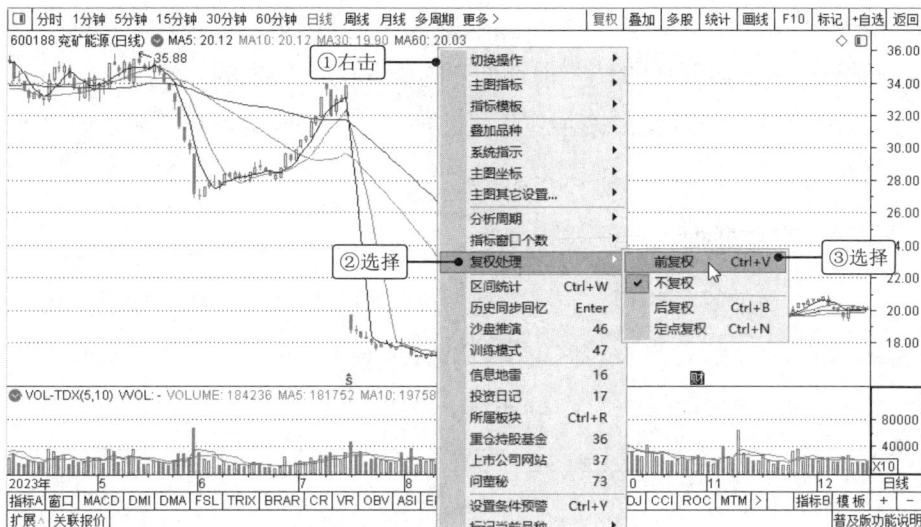

图 1-13　在快捷菜单中选择"前复权"命令

程序自动以除权后的价格为现价，将除权前的股价进行缩减折算，从而让除权前后的价格在 K 线图上形成连续的走势，如图 1-14 所示。

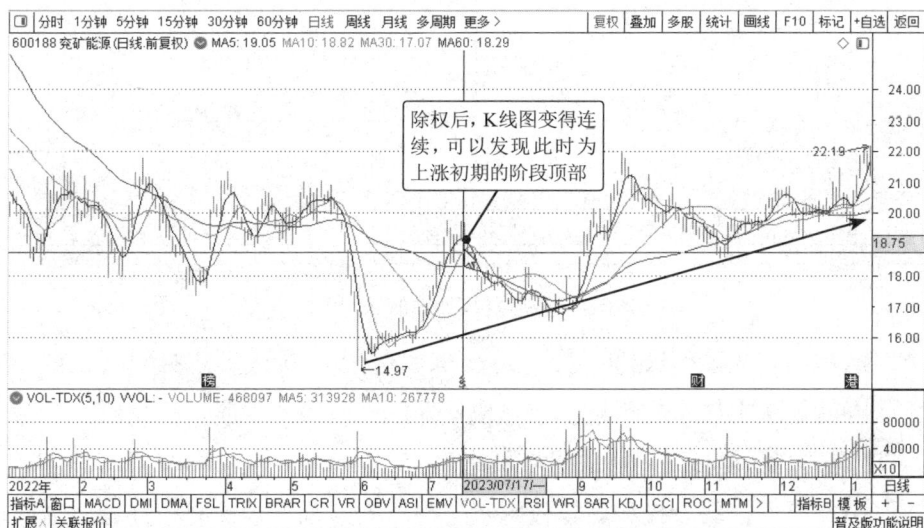

图 1-14　前复权后的 K 线图

从图 1-14 中可以看到，除权当日的位置从整个走势来看并不是价格继续下跌的位置，这波下跌在 6 月初就已经创下 14.97 元（除权折算后的价格）

低价后见底回升，7 月 17 日的位置只是这波上涨初期的一个阶段顶部，股价随后经历一波回调，在高于前期低点的位置止跌后继续上涨。

由此可见，如果 K 线图不作除权处理，那么就会影响投资者对股价走势的预测，进而作出错误的决策。

2. 后复权处理

后复权与前复权相似，它是指保持先前的价格不变，将除权后的价格增加，同时将除权后的 K 线向上平移，使 K 线图中的巨大缺口连接起来，从而保持股价走势的连续性，如图 1-15 所示。

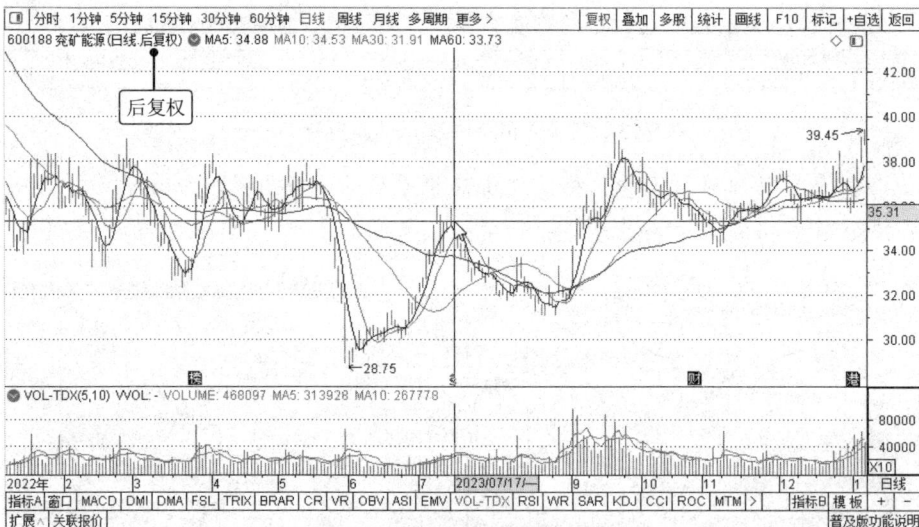

图 1-15　后复权处理的 K 线图

从图 1-15 和图 1-14 的对比来看，K 线走势和均线形态都一样，唯一不同的就是图中显示的价格。前复权处理后，K 线图中股价的见底价格为 14.97 元，而后复权处理后的见底价格为 28.75 元。

由此可见，前复权和后复权两者最明显的区别在于前复权处理后当前个股的价格和原本的 K 线图中及实时数据界面中的显示价格完全一致，如图 1-16 所示。

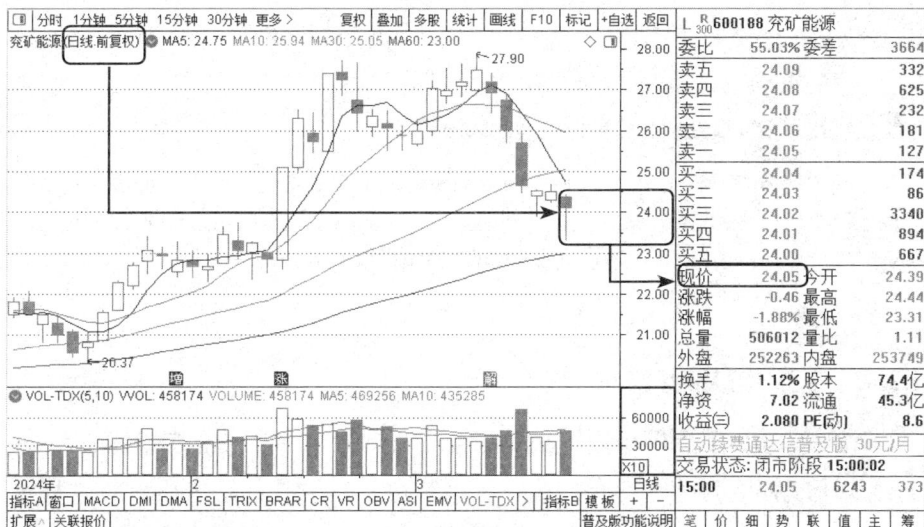

图 1-16　前复权处理后 K 线图中的价格与现价一致

而后复权处理后当前个股 K 线图中的价格高于现价，如图 1-17 所示。

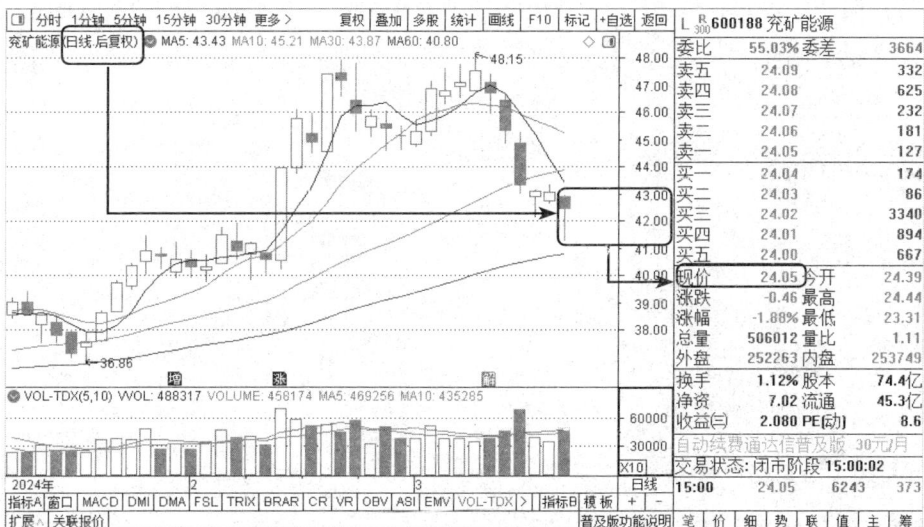

图 1-17　后复权处理后 K 线图中的价格高于现价

虽然无论采取哪种复权方式都不影响对价格趋势的预测，但是在实际的投资分析中，投资者通常采用前复权处理，因为在这种处理方式下价格更统一，更便于对价格走势趋势进行分析。另外需要说明的是，在某只股票中进行复权处理操作后，炒股软件中的所有股票都会同步复权。

拓展知识 前复权处理和后复权处理的快捷键操作

在个股 K 线图中，按【Ctrl+V】组合键可以将 K 线图进行前复权处理，再次按【Ctrl+V】组合键可以退出前复权处理。按【Ctrl+B】组合键可以将 K 线图进行后复权处理，再次按【Ctrl+B】组合键可以退出后复权处理。

1.1.4　掌握均线的技术特性

掌握均线的基础知识后，投资者还需要了解均线的一些技术特性，如支撑与压制特性、助涨助跌特性、拐点特性等，这些都是使用均线进行技术分析的基础，下面分别进行介绍。

1. 均线支撑与压制特性

均线支撑特性是指当股价在均线上方运行时，某一时刻回落到均线位置或还未回落到均线位置便受到支撑止跌。即便股价短暂跌破均线，若后续能够快速止跌拉升，也是均线支撑特性的表现，如图 1-18 所示。

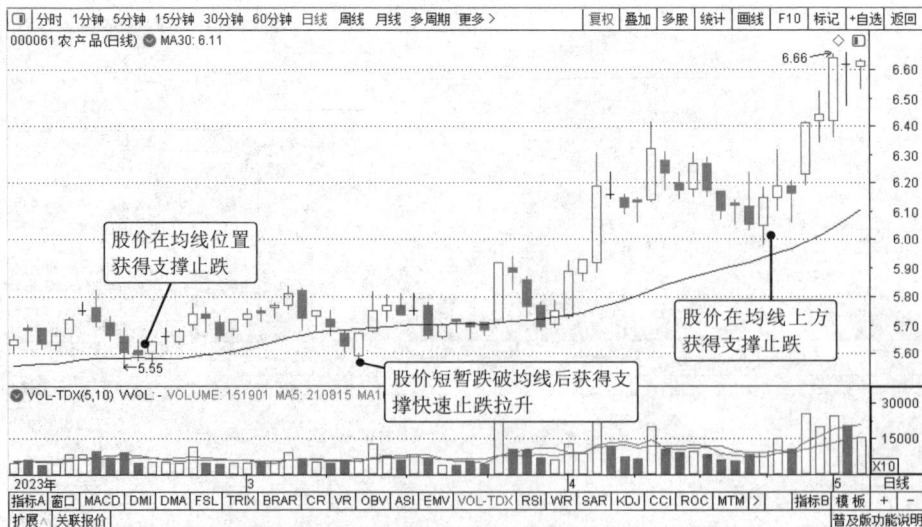

图 1-18　均线的支撑特性

均线压制特性与均线的支撑特性相似，是针对下降过程中股价的压制，具体是指当股价在均线下方运行时，某一时刻上涨到均线位置或还未上涨到均线位置便受到压制回落。即便股价短暂突破均线，若后续快速受阻回落，也是均线压制特性的表现，如图 1-19 所示。

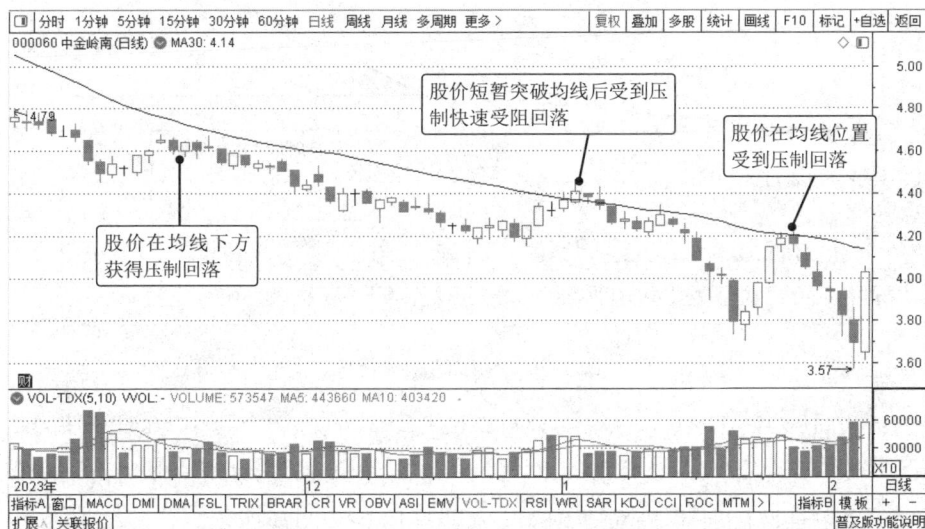

图 1-19　均线的压制特性

2. 均线的助涨助跌特性

均线的助涨助跌作用主要体现在价格走势中，其原理如下：

①当股价在均线的上方，说明市场平均成本低于股价，市场筹码稀缺而资金充裕，容易形成资金抢筹码的局面，从而推动股价进一步上涨。

②当股价在均线的下方，说明市场平均成本高于股价，市场筹码充裕而资金不足，容易形成抛筹兑现的局面，从而推动股价进一步下跌。

从 K 线图上来看，均线的助涨助跌特性的表现如下：

①当股价从下而上有效突破上行的均线后运行到上方，此时的均线就是一条支撑线。当股价回调至均线附近自然会受到均线的支撑，阻止股价进一步下跌的同时推动再度上升，这就是均线的助涨作用。且均线倾斜的角度越大，对股价的助涨效果越显著，如图 1-20 所示。

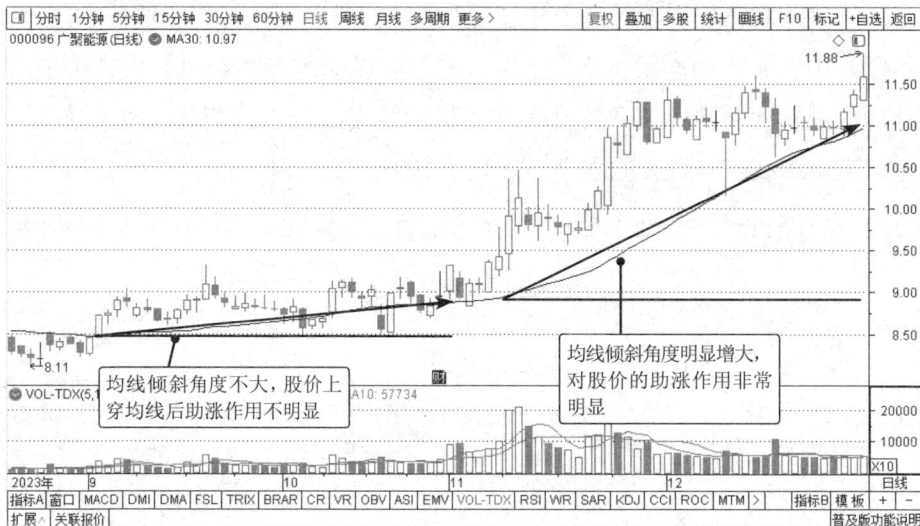

图 1-20　均线的助涨特性

②当股价从上而下有效跌破下行的均线后运行到下方，此时的均线就是一条压力线。当股价反弹至均线附近自然会受到均线的压制，阻止股价进一步上涨的同时推动再度下跌，这就是均线的助跌作用。且均线倾斜的角度越大，对股价的助跌效果越显著，如图 1-21 所示。

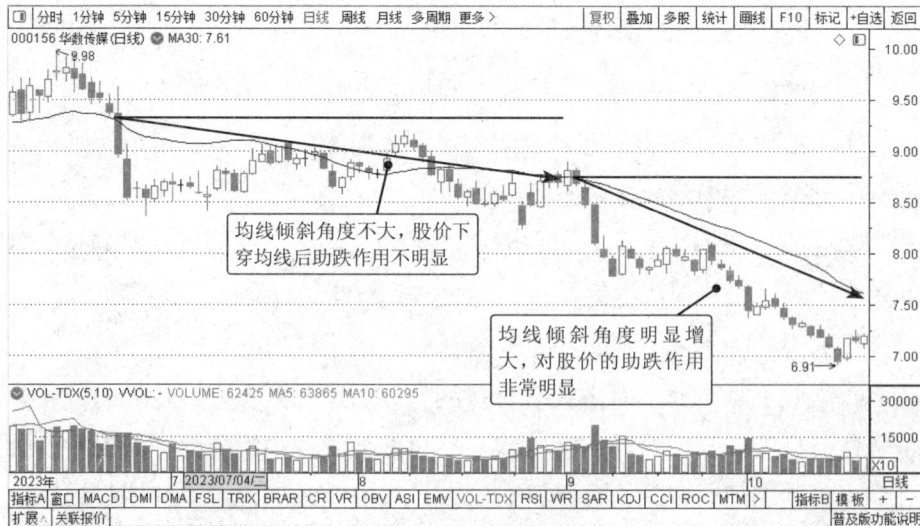

图 1-21　均线的助跌特性

3. 均线的拐点特性

由于股价是波动变化的，整个 K 线图就是以波动形态向右延伸的，对应的，均线运行一段时间后也会出现波峰和波谷，这就是均线的拐点，也称为均线的转点。

均线的拐点非常重要，它通常预示着趋势的转变，有波峰拐点和波谷拐点两种，下面分别进行介绍：

①波峰拐点：在股价上涨过程中，均线向上运行。当均线转平并掉头向下运行时，就形成了波峰，这有可能是上涨趋势转变为下跌趋势的征兆，通常视作卖点。

②波谷拐点：在股价下跌过程中，均线向下运行。当均线转平并掉头向上运行时，就形成了波谷，这有可能是下跌趋势转变为上涨趋势的征兆，通常视作买点。

当股价突然发生逆向运行时，时间周期越短的均线跟随股价变化的速度越快，均线的拐点越尖锐。而时间周期越长的均线跟随股价变化的速度越慢，均线的拐点越平滑，如图 1-22 所示。

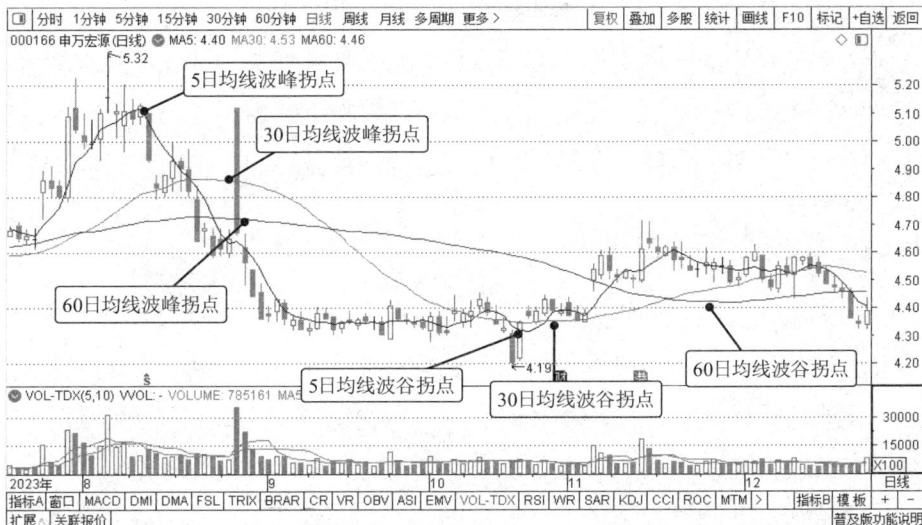

图 1-22　均线的拐点

4. 均线的其他特性

均线的其他特性一般是指均线追踪趋势的特性、稳定特性和滞后特性，相关内容见表 1-3。

表 1-3 均线的其他特性

特性	具体描述
追踪趋势特性	均线跟随 K 线运动，因此可以起到趋势跟踪的作用。当股价的波动暂时脱离原来的运行趋势时，只要均线系统没有出现相应的变化，短时间内就不会产生较大转折
稳定特性	均线是股价平均波动幅度的反映，对股价波动起到了平滑的作用。在一段大趋势中，短期均线的波动可能会被频繁影响，但中长期均线不会有大的改变，反映了长期趋势的稳定性
滞后特性	因为均线反映了股价的趋势，具有平滑和稳定性，所以相对股价稍有滞后。在股价原有趋势发生反转时，移动平均线的行动往往显得迟缓，掉头速度落后，这一点在中长期均线中表现得尤为明显

1.2 均线基本形态用法详解

均线的基本形态一般是指均线的交叉、排列、黏合、发散和背离，这几种形态是均线的基础应用，要想用好均线，对于这些基本形态的用法是必须要掌握的。

下面就分别对各种基本形态的用法进行细致讲解。

1.2.1 均线交叉形态用法

由于不同周期的均线灵敏度不同，在股价持续发生较大波动或原有趋势发生转变时，短期均线率先跟随股价的波动出现转点，中长期均线此时还未发生转折，这样短期均线和中长期均线之间就会形成交叉。根据形成交叉方式的不同，可将均线的交叉分为黄金交叉和死亡交叉两类。

股价在上涨的过程中，上升的短期均线由下而上穿过中、长期均线形成的交叉就是黄金交叉，也简称为金叉，如图 1-23 所示。

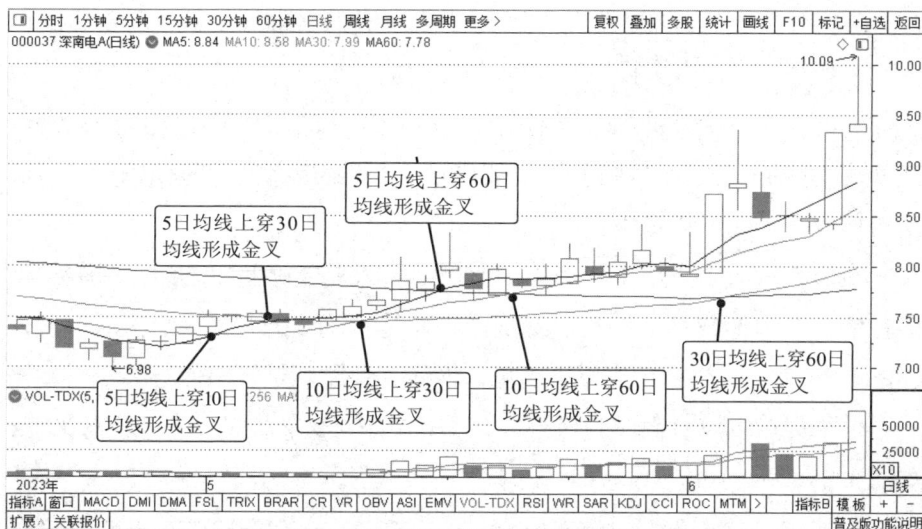

图 1-23 均线的黄金交叉

股价在下降的过程中，下降的短期均线由上而下穿过中、长期均线形成的交叉就是死亡交叉，也简称为死叉，如图 1-24 所示。

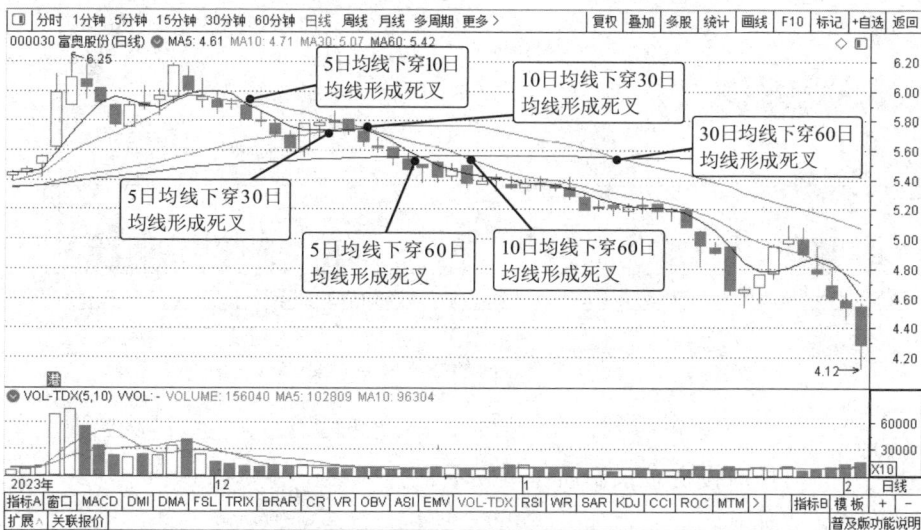

图 1-24 均线的死亡交叉

一般来说，短期均线上穿作为压力线的中长期均线时，表示股价将继续上涨，后市看好，因此，黄金交叉被很多投资者视为买入信号。而短期均线下穿作为支撑线的中长期均线时，表示股价将继续下跌，后市看跌，因此，死亡交叉被很多投资者视为卖出信号。

然而，将"金叉买入、死叉卖出"视作铁律的用法是不理性的，人们在使用均线的交叉信号作为出入场时机时，其实带有一个前提条件，即价格将形成上升或下降趋势。

在价格形成上升或下降趋势的前提下，人们能够利用均线交叉抓住趋势行情，在图 1-23 中，价格将形成上升趋势，均线的金叉就是买入信号；在图 1-24 中，价格将形成下跌趋势，均线的死叉就是卖出信号。

但如果市场没有明显的趋势，均线不管如何交叉也是没有任何意义的，如图 1-25 所示。

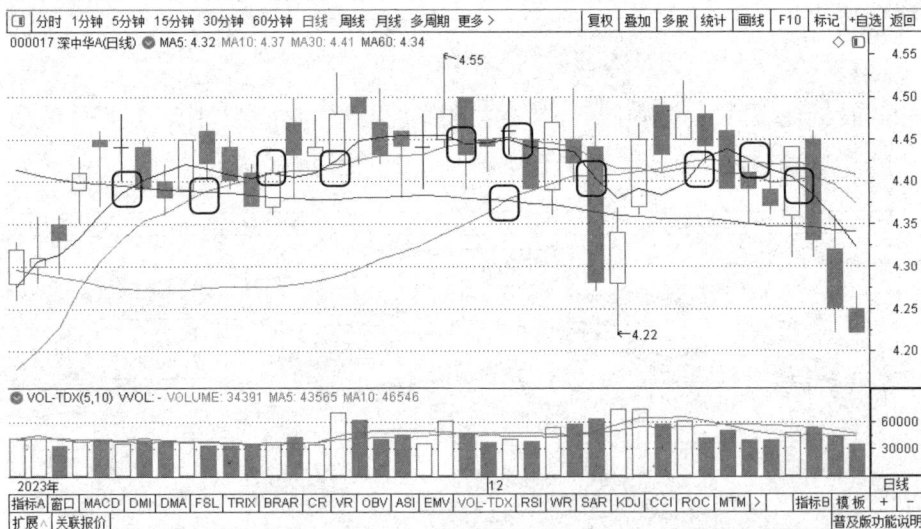

图 1-25　均线的交叉没有意义

从图 1-25 中可以看到，在一段横向的震荡行情中，均线多次出现金叉和死叉，但是对投资者来说操作意义不大。

除此之外，投资者在使用均线交叉时还应注意以下两点事项：

①在长期上升趋势中，只要上涨趋势不变，短周期均线形成的死叉就不是趋势转变的信号，市场继续看涨，如图 1-26 所示。

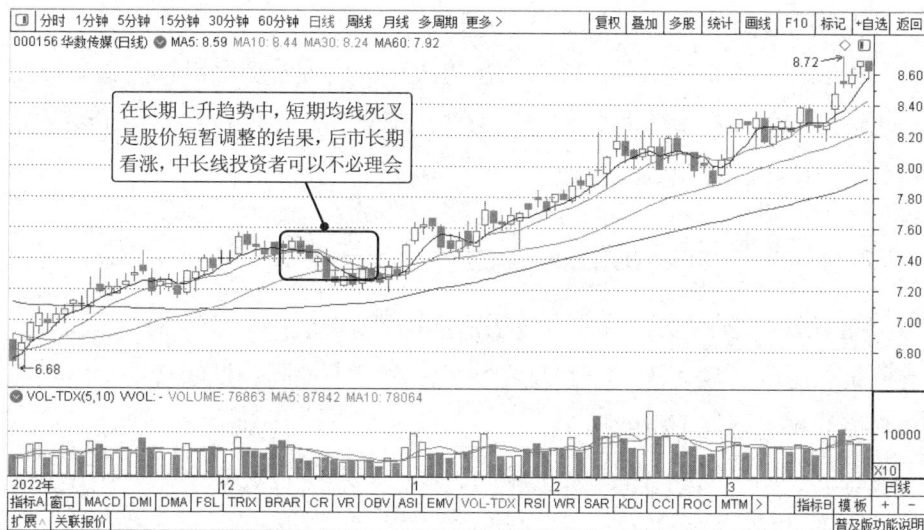

图 1-26　长期上升趋势途中的死叉

②在长期下降趋势中，只要下跌趋势不变，短周期均线形成的金叉就不是趋势转变的信号，市场继续看跌，如图 1-27 所示。

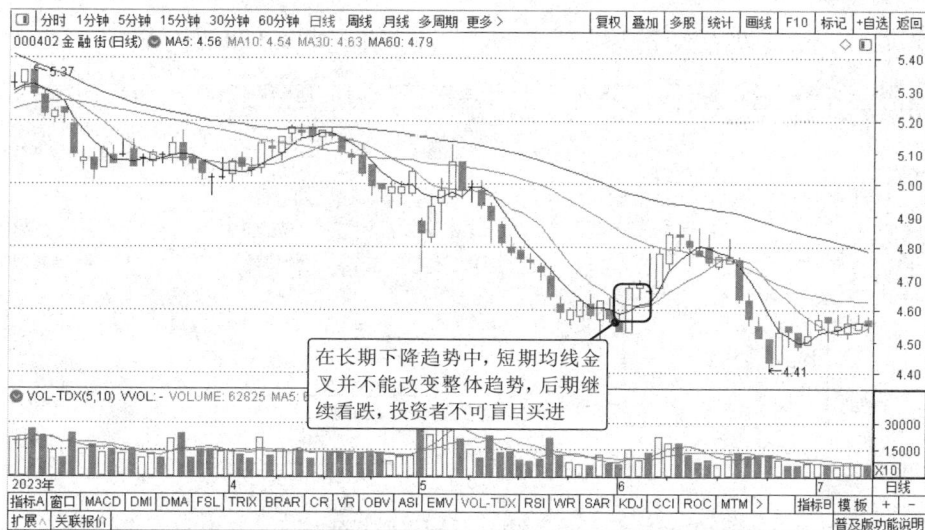

图 1-27　长期下降趋势途中的金叉

综上所述，我们可以得出以下结论：在实战中，投资者不能简单地根据均线的金叉或死叉作出入场或出场的决策，只有在趋势形成后，金叉和死叉才具有分析意义。

虽然均线的交叉信号不能作为趋势成立的前提，但可以作为趋势形成的佐证。因此，在很多时候，均线的交叉都会和其他分析技术一起综合应用来提升价格趋势预测的准确性。

1.2.2 均线排列形态用法

随着股价的移动变化，不同周期的移动平均线之间除了出现交叉以外，当股价长时间持续上涨或下跌且无较大波动时，不同周期的移动平均线还会形成并排上行或下行的形态。

根据移动平均线排列顺序的不同，可以分为多头排列和空头排列两种，下面分别对其进行介绍。

1. 多头排列

在一轮持续时间较长的上涨行情中，多条不同周期的均线保持一定距离且一致向右上方运行，股价位于所有均线上方，均线则从上到下依次按短、中、长周期的顺序排列，这就是多头排列，如图 1-28 所示。

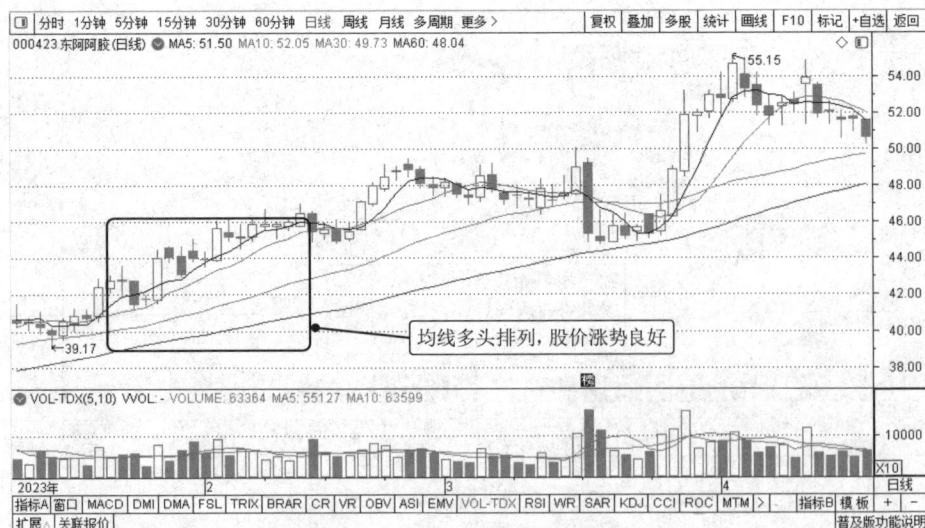

图 1-28 均线的多头排列

均线形成多头排列，说明市场短期介入的投资者的平均成本超过长期持有投资者的平均成本，市场做多氛围浓厚，后市看涨。此时，无论是短线投资者、中线投资者还是长线投资者，都可以根据实际择机逢低吸纳后持股待涨。

2. 空头排列

空头排列与多头排列相反，是指股价位于所有均线下方，不同周期的均线从上到下依次排列为长期均线、中期均线和短期均线，各均线保持一定距离且向右下方运行，这种形态就是空头排列，如图 1-29 所示。

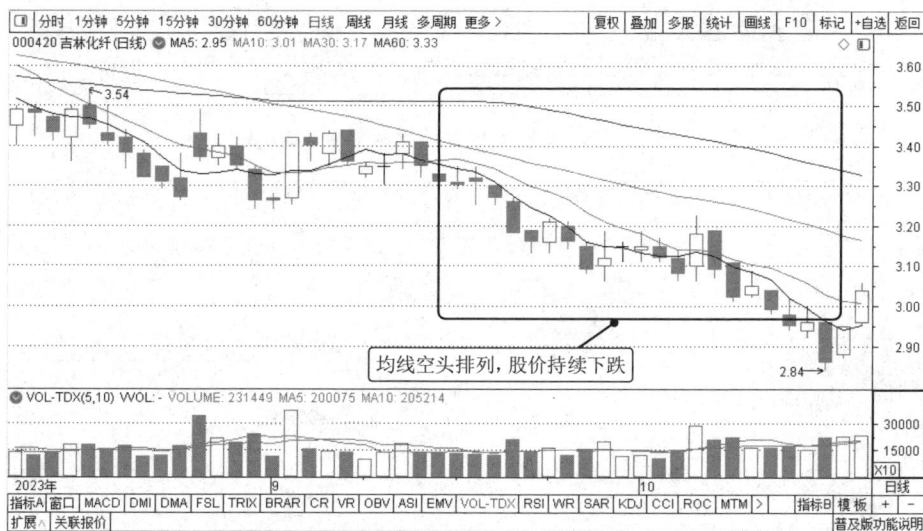

图 1-29　均线的空头排列

均线形成空头排列，表明市场做空意愿极其强烈，股价将持续下跌较长一段时间，投资者应保持观望，直到各周期均线下跌角度变缓直至走平再考虑进场。

1.2.3　均线黏合形态用法

均线黏合是指在股价盘整过程中，三条或多条均线相互靠近，距离越来越小，逐渐形成收敛乃至黏合的形态，如图 1-30 所示。

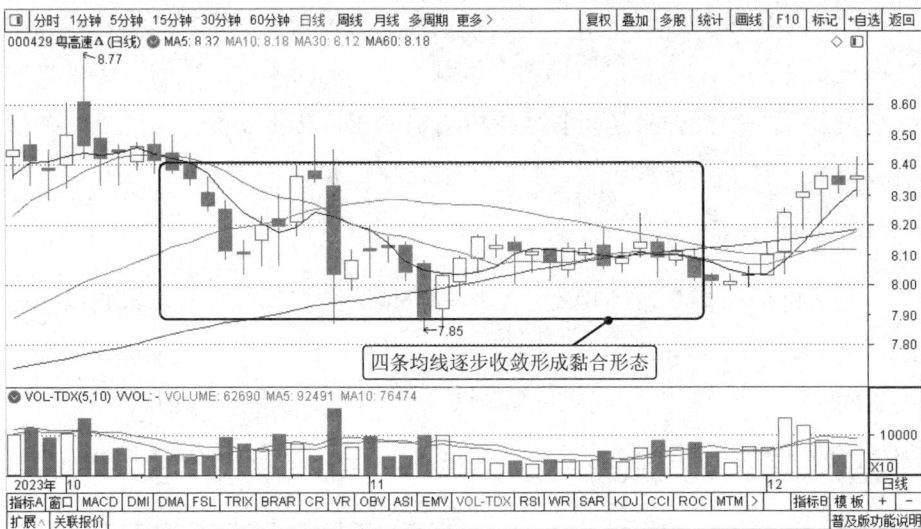

图 1-30　均线逐步收敛形成黏合形态

在实战中，均线黏合并不一定要多条均线收敛后交于一点，均线收敛后相互缠绕在一起也可视为均线黏合，因此，均线黏合也被称为均线纠结，如图 1-31 所示。

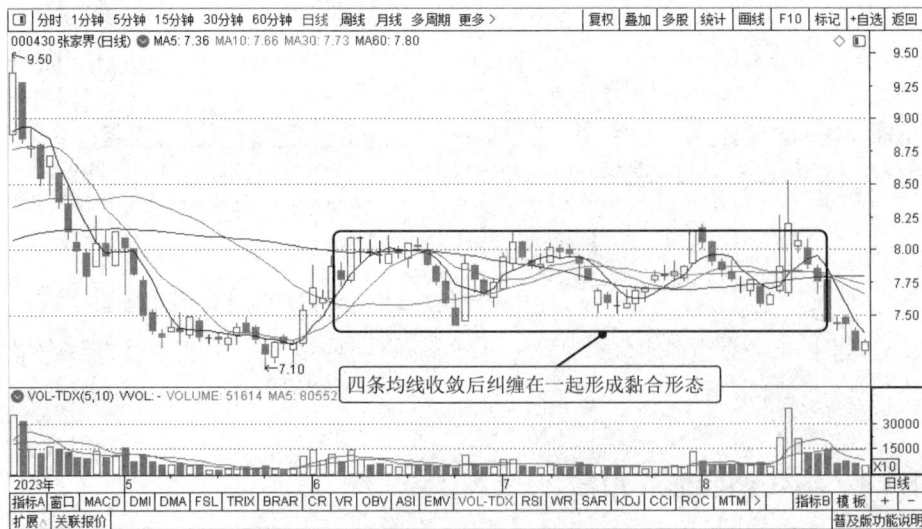

图 1-31　均线相互缠绕在一起形成黏合形态

由于均线反映的是市场中不同周期投资者的持股成本，因此，当均线呈黏合状态时，说明场内不同持股周期的投资者平均成本基本趋于一致，多空双方势均力敌。当多空任意一方占据优势，那么平衡就会被打破，行情就会选择方向。

如果多方占据优势，股价向上突破，均线会逐步形成多头排列，后市看涨，投资者可买入。

如果空方占据优势，股价向下跌破，均线会逐步形成空头排列，后市看跌，投资者可卖出。

因此，均线黏合形态的最终变盘方向在趋势分析中具有重要的意义。

1.2.4　均线发散形态用法

均线发散是指股价在运行中各均线由原来的收敛或相互缠绕的形态逐渐分离，形成发散形态，如图 1-32 所示。

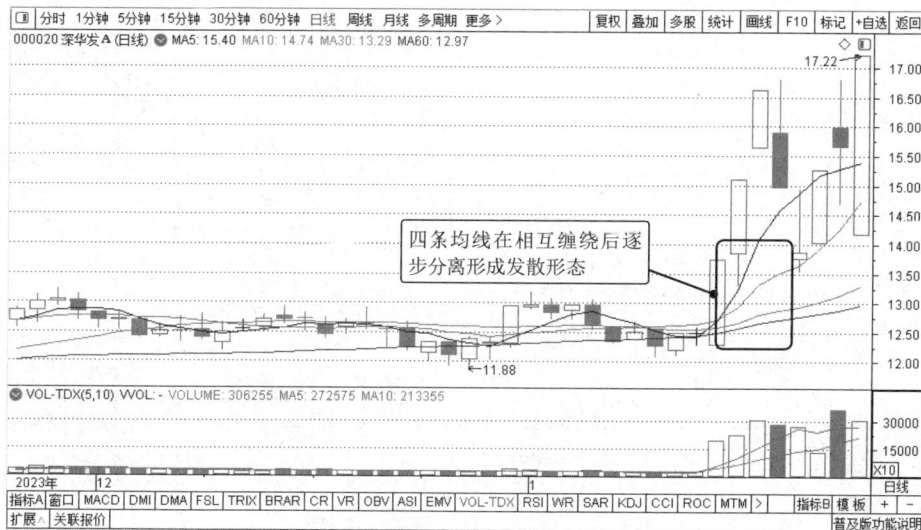

图 1-32　均线的发散形态

均线的发散形态既可能出现在上涨行情中，也可能出现在下跌行情中，下面分别进行介绍。

1. 上涨行情中的均线发散形态

上涨行情中的均线发散形态根据其所处的不同阶段，形成的市场意义也不同。

（1）上涨行情初期或上涨行情途中的均线发散形态

在上涨行情初期或上涨行情途中，均线由原来的黏合形态变为发散形态，若股价站在均线上方，则均线的发散是股价继续上涨的推动力，后市看涨，投资者可持股做多。

下面来看一个具体的实例。

实例分析 美丽生态（000010）上涨行情初期和途中的均线发散形态分析

图 1-33 为美丽生态 2023 年 5 月至 11 月的 K 线走势。

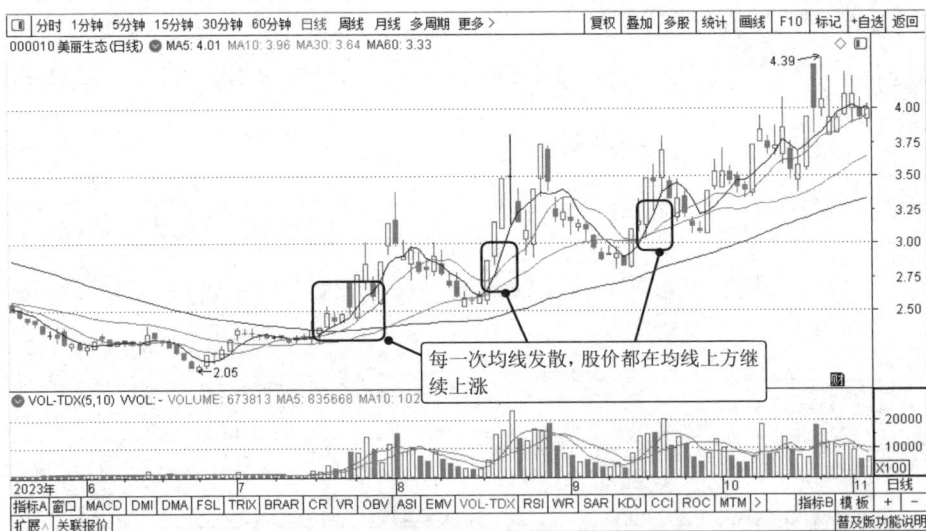

图 1-33　上涨行情中的均线发散形态

从图 1-33 中可以看到，该股在 6 月底创出 2.05 元的最低价后见底回升，步入上涨行情中。在之后的这段上涨行情中，均线不断黏合后又不断向上发散，从而推动股价在均线上方波动上涨。

（2）上涨行情高价位区的均线发散形态

在上涨行情的高价位区，当均线由原来的黏合形态变为发散形态后，若股价站在均线下方，则趋势转变的可能性很大，此时投资者最好减仓或清仓。

下面来看一个具体的实例。

实例分析 深科技（000021）大幅上涨高位的均线发散形态分析

图 1-34 为深科技 2023 年 4 月至 11 月的 K 线走势。

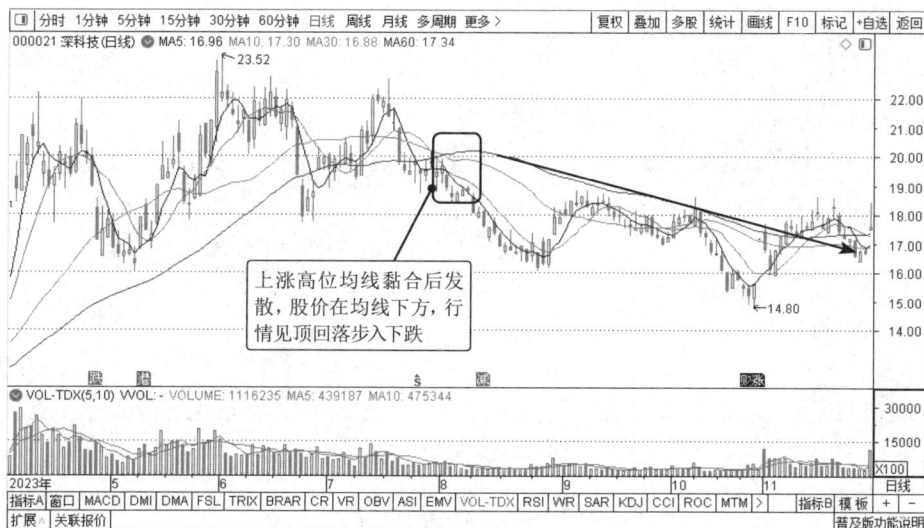

图 1-34 上涨高位的均线发散形态

从图 1-34 中可以看到，该股大幅上涨后运行到高价位区，之后不断震荡，股价始终受到 22.00 元价位线的压制。进入 6 月中旬后，均线形成相互纠缠的形态，但是很快便在 7 月下旬形成发散，同时股价在均线下方运行，拉开了下跌的序幕。

2. 下跌行情中的均线发散形态

与上涨行情中的均线发散形态类似，在下跌行情中，根据其所处的不同阶段，均线发散形态的市场意义也不同。

（1）下跌行情初期或下跌行情途中的均线发散形态

在下跌行情初期或下跌行情途中，均线由原来的黏合形态变为发散形态，若股价站在均线下方，则均线的发散是股价加速下跌的推动力，后市继续看跌，投资者应卖出持币观望。

下面来看一个具体的实例。

实例分析 深桑达 A（000032）下跌行情初期和途中的均线发散形态分析

图 1-35 为深桑达 A 2023 年 4 月至 9 月的 K 线走势。

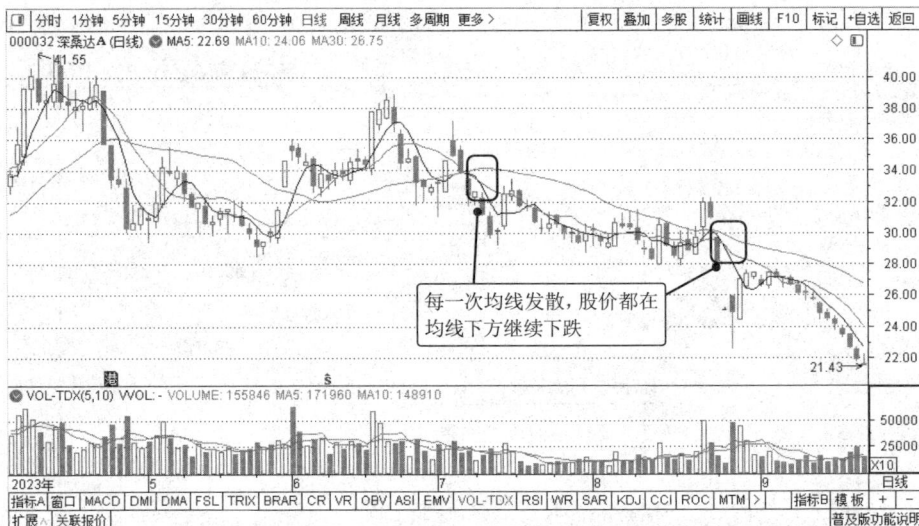

图 1-35 下跌行情途中的均线发散形态

从图 1-35 中可以看到，该股在 4 月初创出 41.55 元的高价后见顶回落步入下跌。在下跌途中，该股多次出现均线发散形态，同时股价也在均线下方运行，每一次的发散都推动股价进一步下跌，在这种情况下，投资者最好持币观望。

（2）下跌行情低价位区的均线发散形态

在下跌行情的低价位区，当均线由原来的黏合形态变为发散形态后，若股价站在均线上方，则行情趋势转变的可能性很大，此时投资者可密切关注，激进型的投资者可适当轻仓抄底。

下面来看一个具体的实例。

实例分析 华联控股（000036）大幅下跌低位的均线发散形态分析

图 1-36 为华联控股 2020 年 2 月至 8 月的 K 线走势。

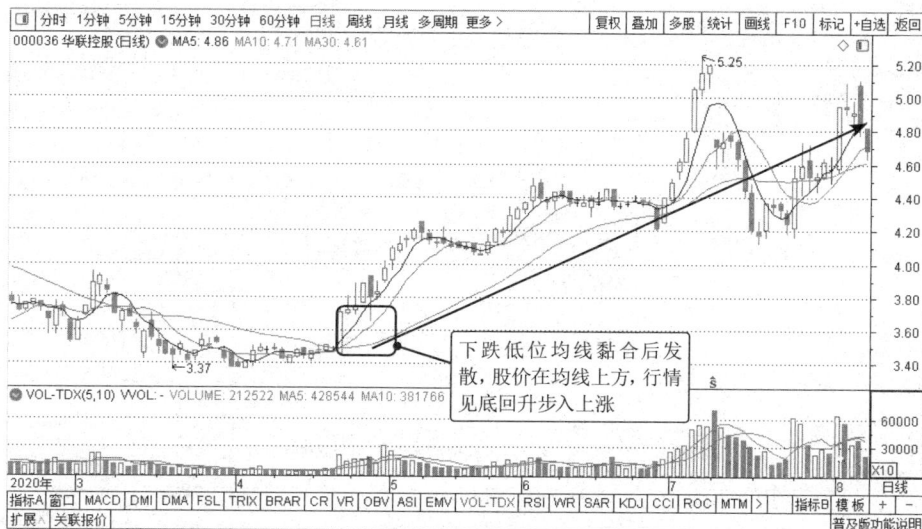

图 1-36　下跌低位的均线发散形态

从图 1-36 中可以看到，该股大幅下跌并创出 3.37 元的低价后进入横盘整理阶段，均线不断靠拢形成黏合形态。

4 月下旬，该股突然放量拉升，之后股价站在均线上方，均线形成发散形态，行情大概率会转势，激进型的投资者可以在此时轻仓介入抄底，稳健型的投资者还是要等行情明确后再介入。

1.2.5　均线背离形态用法

所谓背离就是指两种及两种以上的指标或价格走势相反的现象。对于均线来说，当股价出现暴涨暴跌之后，均线很容易与之形成相反的走势，这就是均线的背离。

根据均线背离形态出现位置的不同，又将其分为底部均线背离和顶部均线背离，下面分别进行介绍。

1. 底部均线背离形态应用

底部均线背离形态是指在下跌行情中，股价出现快速下跌形成底部后反向越过均线，而均线仍然处于向下运行的状态，二者形成背离，如图 1-37 所示。

图 1-37　底部均线背离

对于底部均线背离而言，股价下跌的速度越快，反弹的速度可能就越快；股价下跌的势头越猛，反弹回升的幅度也就越高。因此，底部均线背离一般是短线投资者的进场点。

这里需要特别说明的是，底部均线背离可以出现在下跌趋势中的任何位置，但是只有在中期下跌形成的底部或长期下跌的底部才具有出现一波大反弹行情的潜力。一般而言，短期下跌底部后续的反弹不会太大，而且通常持续的时间也不长，投资者稍有迟疑就会被套，因此，不具备抢反弹操作的意义。

另外，即便在中期下跌或长期下跌形成的底部，当出现底部均线背离形态后，投资者也要坚持轻仓和快进快出的投资原则。因为中长期均线是否会扭转向上还不得而知，一旦反弹结束，在未扭转向上的中长期均线的压力作用下，股价还会继续下跌。在图 1-37 中，60 日均线在股价整个反弹过程中始终向下，股价虽然在 9 月中旬越过了 60 日均线，但是很快受其压制继续下跌。

所以，一般的底部均线背离形态发出的是短期抢反弹的入场信号，而大幅下跌之后形成的底部均线背离形态表示行情有见底的可能性，而激进型的投资者可以结合其他指标综合判断行情底部是否形成，从而做好抄底的准备。

特别提醒，由于此时行情仍然处于下跌之中，稳健型的投资者最好还是不要盲目参与抢反弹。

2. 顶部均线背离形态应用

与底部均线背离形态对应的是顶部均线背离形态，具体是指在上涨行情中，股价出现快速上涨形成顶部后反向越过均线，而均线仍然处于向上运行的状态，二者形成背离，如图 1-38 所示。

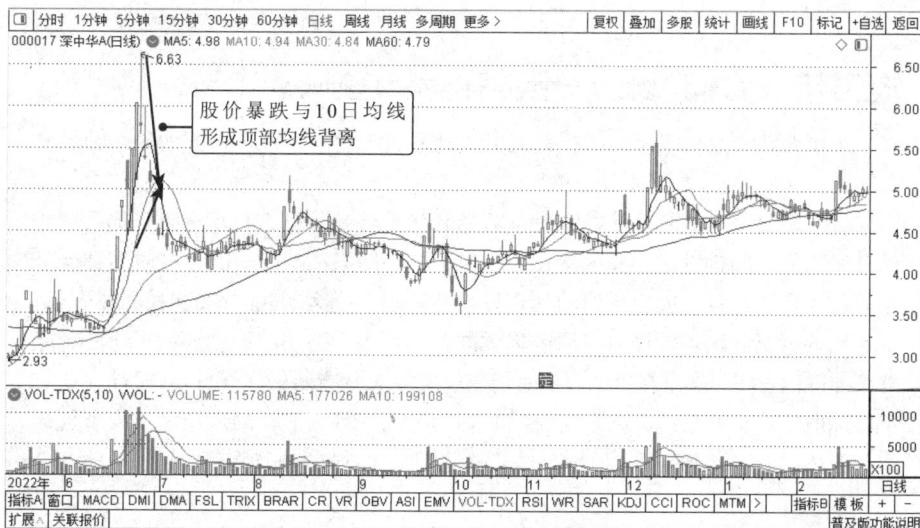

图 1-38 顶部均线背离

对于顶部均线背离而言，股价上涨的速度越快，回落的速度就越快；股价上涨的势头越猛，回落下跌的幅度也就越深。因此，顶部均线背离一般是投资者减仓或清仓的出货点。

同样的，顶部均线背离也可能出现在上涨行情的任何位置，只有中期形成的顶部或长期上涨形成的顶部，后期下跌回落的幅度才比较大，此时建议投资者做减仓操作。在短期上涨形成阶段顶部后，股价回落的幅度一般不大，有的回落几天就结束了，因此，中长线投资者可以不必理会。

　　另外，顶部均线背离可能出现行情扭转的情况，尤其是在大幅上涨的高位出现的顶部均线背离形态，其预示行情见顶的可能性比较大，稳健型的投资者最好清仓出局，锁定利润。

　　对于激进型的投资者而言，此时仍然可以采取减仓操作策略，但是如果稍后中长期均线出现明显的疲软走势，或者其他技术指标也发出见顶信号，最好就要清仓出局了，以规避行情见顶下跌后带来的收益损失风险。

　　需要说明的是，这里介绍的均线背离形态是以 10 日均线为例进行解析的，每个投资者的操作习惯不同，因此，在实战中，投资者可根据情况选择相应的均线周期来进行分析。

拓展知识 关于案例中炒股软件窗口时间轴显示问题的说明

　　本书会涉及大量案例的解析，关于案例截图中软件 K 线图下方的时间轴显示的问题，这里提前做一个大致说明。

　　一般情况下，炒股软件窗口大小发生调整或对 K 线图进行缩放时，都会造成软件底部的时间轴发生相应的变化，所以，书中的案例截图可能存在时间轴上显示的起止日期与分析内容描述的起止日期不一致，或案例截图中的时间间隔不是很连续的情况。这是软件自身原因造成的，本着客观陈述的原则，为了让读者能够更准确地查阅，本书在进行分析时仍然以实际 K 线走势的起止日期进行描述。

　　除此之外，A 股沪深两市的交易时间为每周一到周五，周六周日及国家规定的其他法定节假日不交易，所以，炒股软件中的 K 线图时间轴仅显示交易日。

第 2 章

均线周期特性应用技巧

　　不同周期的均线在股价趋势分析与预测的应用中各自扮演着不同的角色，为投资者提供了全方位的市场分析视角。本章从时间周期的角度介绍一些常用单根均线在实战中的使用方法，以及从不同周期组合的角度分别介绍短期均线组合、中期均线组合及长期均线组合的使用方法。通过综合运用这些均线及均线组合，投资者可以更好地把握市场买卖时机，从而制定更为合理的投资策略。

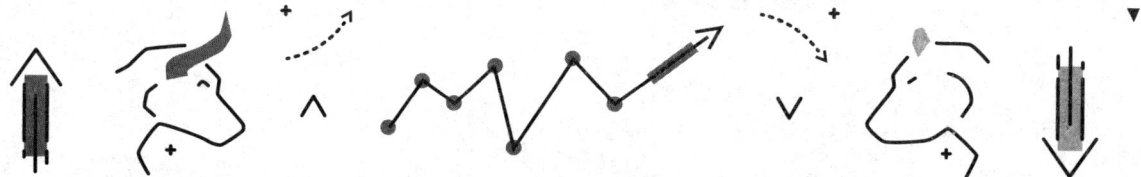

2.1 常见单根均线实战应用技巧

第 1 章对不同周期的均线进行了简单的介绍，下面以 5 日、10 日、30 日和 60 日均线为例，通过具体的实例来解析这些单根均线在实战中的一些典型用法和具体应用技巧。

2.1.1 跌破 5 日均线卖出

当个股在经过蓄势后展开一轮快速拉升或暴涨行情，此时 5 日均线通常都会对股价的涨势起到很好的支撑作用，使得股价稳定上涨。在这种行情状态下，当股价跌破 5 日均线，说明 5 日内买入该股的投资者已经产生亏损，股价短线支撑不复存在，会继续向下调整寻求支撑。短线投资者在股价跌破 5 日均线时就要执行卖出操作，以确保盈利的最大化。

下面来看一个具体的实例。

实例分析 北方国际（000065）蓄势拉升后跌破 5 日均线卖出分析

图 2-1 为北方国际 2023 年 1 月至 4 月的 K 线走势。

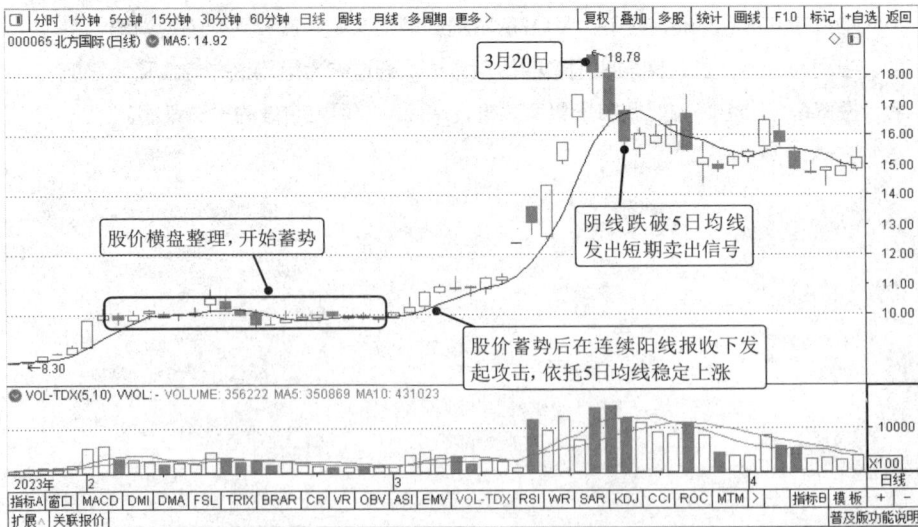

图 2-1　北方国际 2023 年 1 月至 4 月的 K 线走势

从图 2-1 中可以看到，该股在 2 月初上涨到 10.00 元价位线后横盘整理，为后面的进一步拉升蓄势。在经过一个月左右的蓄势整理后，最终于 3 月初连续收出阳线，发起了上涨攻势，股价站在 5 日均线上方走出一波可观的上涨行情。

3 月 20 日，该股在连续拉出涨停板后到达 18.00 元价位线上方，当日创出 18.78 元的最高价后涨势减弱，次日股价继续拉出阴线触及 5 日均线。5 日均线是否能够继续支撑股价再次向上呢？

从后面的走势来看，该股在连续两日拉出阴线后，第三日仍然收阴，且阴线跌破 5 日均线，说明 5 日内买入该股的投资者已经产生亏损，后市股价可能会继续下跌。

机警型的短线投资者在股价当日跌破 5 日均线时就已经出局了，这样可以锁定住这一波拉升带来的利润。

对于还没有反应过来的短线投资者，在看到股价收阴跌破 5 日均线后第二天就要果断卖出持股，从而规避之后股价持续下跌带来的损失。

2.1.2　假跌破 10 日均线买入分析

在上涨行情中，股价上升一段时间后就会出现回调整理，这是很正常的现象，而且在均线的支撑作用下，往往股价在均线位置附近都会受到支撑而止跌。

但是有时候，股价上涨到一定程度后会不断下跌并跌破具有较强支撑作用的 10 日均线，部分短期获利者担心后期股价持续下跌造成损失，通常会抛售持股，锁定利润。

其实在上涨初期或股价涨幅不大的情况下，这种股价跌破 10 日均线的走势往往是主力清理市场浮筹的一种手段，目的是减轻后期的拉升压力。当回调结束后，后期往往会有一波不错的拉升行情。

因此，在上涨初期或上涨途中，当股价跌破 10 日均线时，若跌破的时间很短且成交量明显缩小，在约 5 个交易日之后重回 10 日均线之上，那么之前的跌破就是一种假跌破，发出的是看涨买入信号，场外投资者可以买入，持股待涨，而场内投资者也可以根据自身的操盘策略进行加仓。

拓展知识 **股价跌破 10 日均线买入的注意事项**

在上涨行情中，股价假跌破 10 日均线发出的买入信号一般在上涨行情的初期和途中较为可靠。如果是在大幅上涨的高位区域出现股价跌破 10 日均线，投资者还是要警惕是否是主力制造的多头陷阱，目的是吸引场外投资者高位追涨，从而在高位承接主力出货的筹码。尤其当股价以巨量长阴线跌破 10 日均线时，行情见顶的可能性更大，此时投资者要坚决止损。

下面来看一个股价假跌破 10 日均线后买入的具体实例。

实例分析 **深南电 A（000037）上涨途中假跌破 10 日均线买入分析**

图 2-2 为深南电 A 2023 年 4 月至 6 月的 K 线走势。

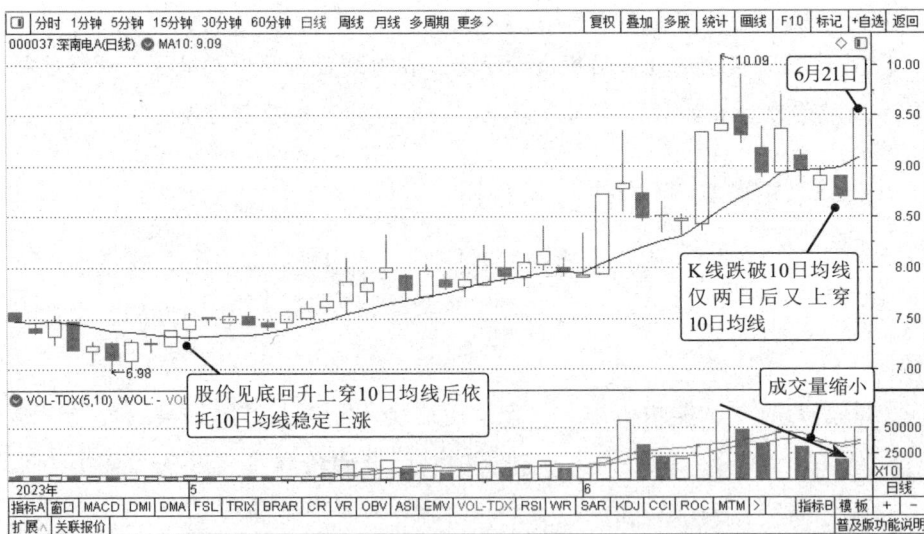

图 2-2　深南电 A 2023 年 4 月至 6 月的 K 线走势

从图 2-2 中可以看到，该股在 4 月底创出 6.98 元的低价后企稳回升，连续收阳上穿 10 日均线后依托转势向上的 10 日均线走出一波稳定的上涨行情。

6 月初，成交量放量拉升，K 线收出涨停大阳线，之后出现一波较为明显的回调，同时期成交量也明显缩小。但是股价在 10 日均线处获得支撑后再次拉出涨停大阳线，之后又一次步入回调。

此次下跌相较于上一次更加猛烈，股价直接跌破 10 日均线，但是成交量也出现明显的同步缩小状态，且 10 日均线并没有明显的拐头走势。而且此时股价见底回升，但时间并不长，因此，可以预判这次回调是主力清理浮筹的动作，不是大批出货、行情扭转的信号，投资者可以暂时观望，激进型的投资者可以根据自己的操作策略适当加仓。

股价在跌破 10 日均线后仅维持了两个交易日，在第三个交易日，即 6 月 21 日，成交量放量拉升，当日股价以涨停大阳线报收，重新站在 10 日均线上。此时可以更加确定之前股价跌破 10 日均线是一个假跌破，后市继续看涨，场外的投资者可择机买入跟进。

下面来看该股后市的走势，如图 2-3 所示。

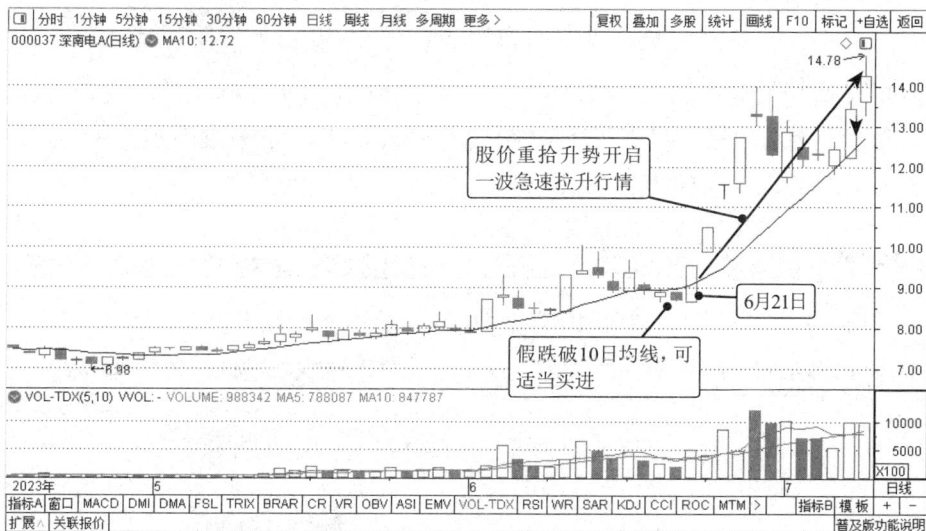

图 2-3　深南电 A 假跌破 10 日均线后的走势

从图 2-3 中可以看到，该股在假跌破 10 日均线后走出了一波急速拉升行情，连续收出涨停 K 线，短短几个交易日就拉升触及 14.00 元的高位。之后股价短暂调整，再次受到 10 日均线的支撑而拉升，并创出 14.78 元的高价，那么在股价假跌破 10 日均线后追涨介入的投资者就可以获得不菲的投资收益。

2.1.3　回调不破 30 日均线买入

30 日均线作为"生命线"，反映的是中线的股价趋势。由于其相对短期的 5 日均线和 10 日均线而言没有那么灵敏，所以，当阶段顶部到来，5 日均线或 10 日均线都可能随着股价的回落而拐头向下运行。但是在股价相继跌破 5 日均线和 10 日均线后，主力会出手护盘，使得股价在下跌到 30 日均线附近时获得支撑止跌。

因此，也有投资者将 30 日均线称为主力的护盘线，只要股价不跌破 30 日均线，则说明这只是上升行情中的一波调整，上涨远未结束，是较佳的买入时机。

特别是股价在 30 日均线附近获得支撑并拐头，伴随成交量放量上行时，更是明确的买入信号，而且这常常也是新的上升浪的开始。对于稳健型的投资者来说，此时买入安全性更高。

需要特别说明的是，投资者在股价回落至 30 日均线附近买入后，如果股价之后不涨反跌，特别是跌破 30 日均线时伴随着成交量的放量，发出的就是卖出信号，投资者应坚决止损离场，规避行情转势风险。

下面来看一个具体的实例。

实例分析 深科技（000021）上涨途中股价回调不破 30 日均线买入分析

图 2-4 为深科技 2022 年 12 月至 2023 年 2 月的 K 线走势。

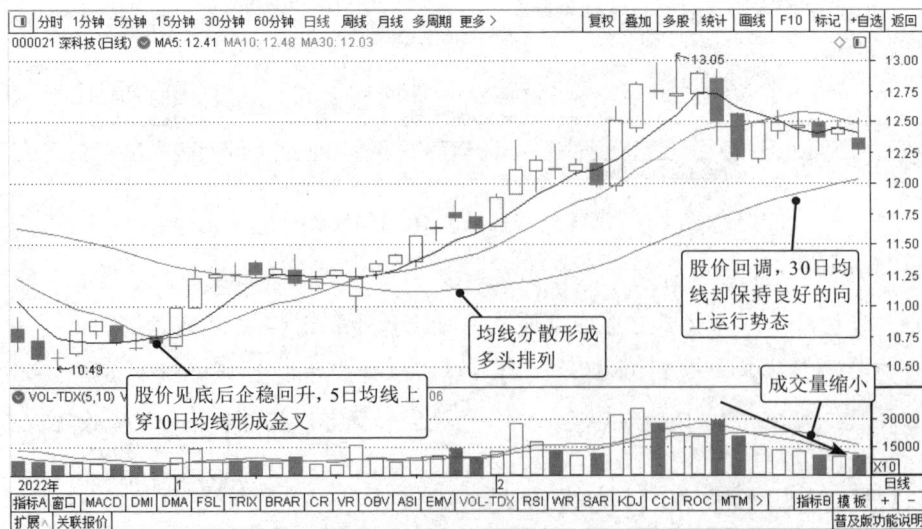

图 2-4　深科技 2022 年 12 月至 2023 年 2 月的 K 线走势

从图 2-4 中可以看到，该股在 2022 年 12 月中旬创出 10.49 元的低价后企稳回升，5 日均线率先拐头向上后上穿 10 日均线形成金叉，带动股价一步步上涨。

2023 年 1 月底，30 日均线也拐头向上，逐步与 5 日均线和 10 日均线散开形成多头排列，推动股价稳步上涨。股价涨到 13.00 元价位线附近后受阻，以 13.05 元的高价阶段见顶后一路下跌，5 日均线拐头下穿 10 日均线形成死叉。

此时单从这个死叉无法判断股价是阶段见顶还是行情见顶，下面接着分析 30 日均线。在下跌过程中，30 日均线仍保持良好的向上运行状态，且成交量呈现明显的缩减，因此，预测股价大概率在调整，前期的 13.05 元大概率是阶段顶部。

下面继续来看该股的后市走势，如图 2-5 所示。

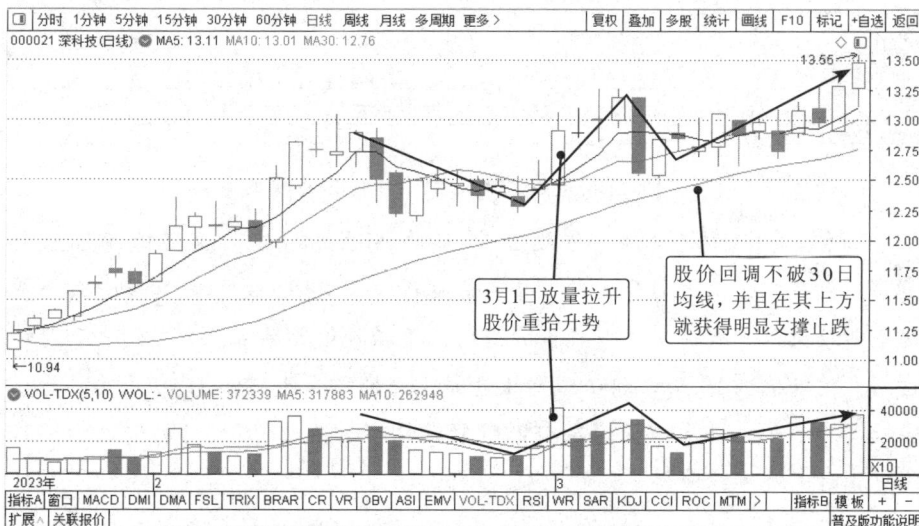

图 2-5　深科技 2023 年 1 月至 3 月的 K 线走势

从图 2-5 中可以看到，该股回调的过程中明显受到 30 日均线的支撑，股价在 30 日均线上方就止跌回升，尤其在 3 月 1 日，成交量更是放量拉升股价，重拾升势。

虽然之后股价也出现短暂的回调，但是 30 日均线的支撑力强，使得股价还未触碰到 30 日均线便止跌向上。

股价每一次的上升都有成交量放量的推动，每一次回调又受到30日均线的强力支撑，说明后市大概率有一波不错的拉升行情，此时投资者可根据自己的操作策略择机买进，持股待涨。

继续来看该股的后市走势，如图2-6所示。

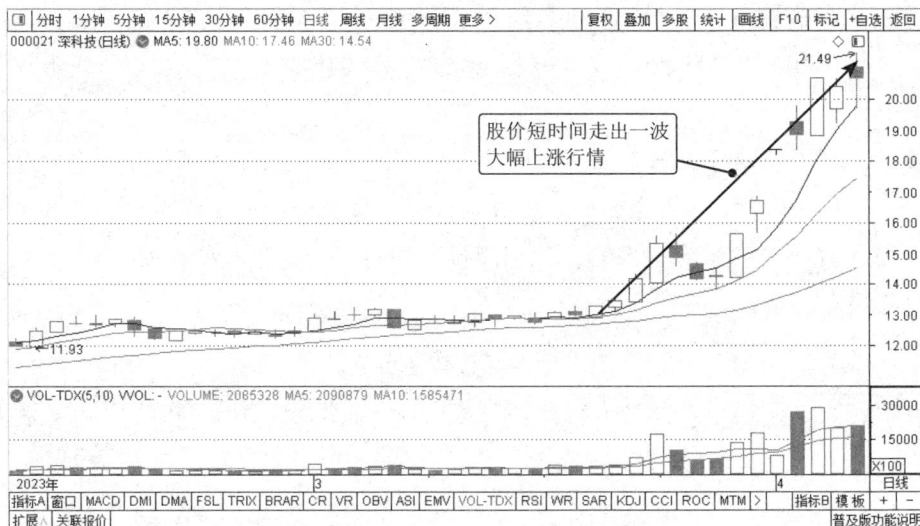

图2-6　深科技2023年2月至4月的K线走势

从图2-6中可以看到，该股在30日均线上方的波动变化持续了一个多月，最终在3月下旬开始发力并完全站在5日均线上方。之后伴随成交量的不断放大，均线也发散形成多头排列，推动股价大幅上涨。不到一个月的时间，股价就从13.00元价位线附近开始上涨，之后又创出21.49元的高价，涨幅超过65%。如果投资者在前期股价回调不破30日均线时买进该股，只需一段时间就可以获得不错的收益。

由此看来，在上升阶段中股价回调不破30日均线的位置是不错的买入时机，短线投资者可以把握买进，抓住短期的涨幅收益；而中长线投资者则可以根据自己的操盘策略进行适当加仓。

2.1.4　60日均线的应用技巧

60日均线通常用于指明行情的中期反转趋势，因此，它也被视为"生命线"。当股价跌破生命线就可能持续产生下跌，尤其在大幅上涨的高位出现时，投资者最好抛售离场，以锁定前期收益。

　　当然，一些长期运行在 60 日均线以下的个股也有可能走出上升行情，尤其是股价大幅向下偏离 60 日均线时，反弹走出上升行情的可能性更大。但是同样要注意的是，由于此时行情处于下跌状态，股价往往会在 60 日均线处受到强大的压力并重新进入下跌通道，这种上升一般被称为反弹，一旦反弹结束，投资者就要果断离场。

　　若股价长期运行于 60 日均线之下，在经过缩量下跌落到低价位区后，可能会迎来反转。如果股价止跌落放量上穿 60 日均线且成功站稳，5 日均线与 10 日均线形成黄金交叉，此时介入该股的获利机会较大。

　　除此之外，对于在大幅下跌后进入低位横盘阶段的个股，投资者要尤其注意其横盘的时间，通常横盘时间越长，后市走势就越强，上涨持续的时间就越长。

　　下面通过一个实例来理解 60 日均线的用法。

实例分析　**国药一致（000028）60 日均线买卖分析**

　　图 2-7 为国药一致 2022 年 3 月至 7 月的 K 线走势。

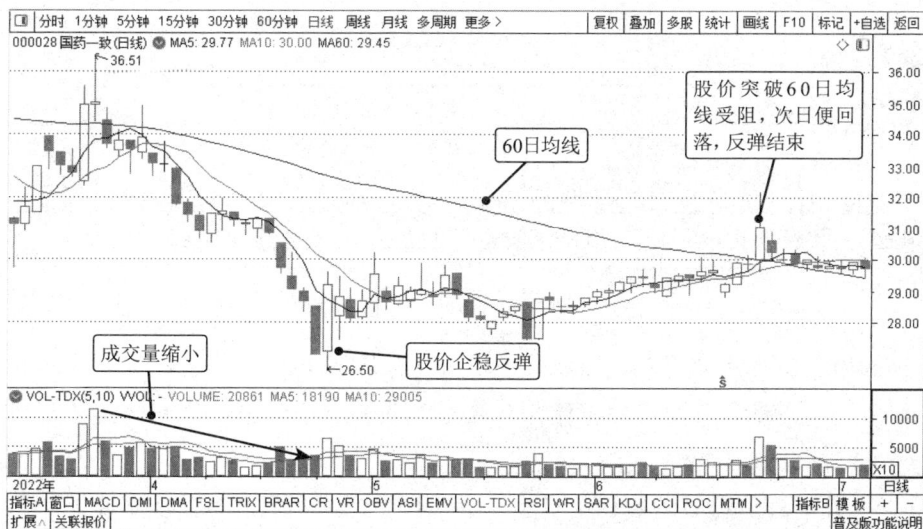

图 2-7　国药一致 2022 年 3 月至 7 月的 K 线走势

从图 2-7 中可以看到,该股几乎都在向下运行的 60 日均线下方缩量运行,这说明 60 日均线对股价的压制作用非常强。

4 月下旬,该股创出 26.50 元的低价后企稳,成交量同步放大但是并未持续,使得股价拉升动力不足,5 日均线和 10 日均线只能交错在一起缓慢向上。并且在此过程中 60 日均线始终向下运行,缺乏量能支撑的拉升注定不长久。如果激进型的投资者此时要抢反弹,也要秉持轻仓快进快出的策略,因为反弹行情往往很快就会结束。

6 月下旬,股价在上涨到 60 日均线附近时虽然有放量突破,但是次日便缩量回落,进一步证明了 60 日均线的强大压制作用,随着股价的继续下跌,反弹行情也随之结束。

图 2-8 为国药一致 2022 年 5 月至 11 月的 K 线走势。

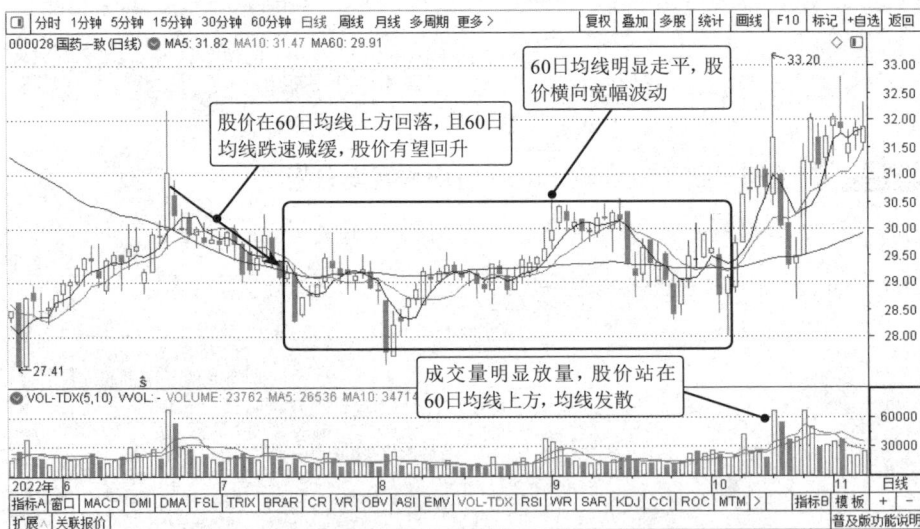

图 2-8　国药一致 2022 年 5 月至 11 月的 K 线走势

从图 2-8 中可以看到,该股反弹结束后持续下跌,但是是在 60 日均线上方下跌的,且 60 日均线的下降倾斜度也在减缓,这说明股价有望获得支撑重归上涨。

7 月中旬,60 日均线已经明显走平,5 日均线和 10 日均线也交缠运行,股价在 27.50 元至 30.50 元的价位区间横向波动,这种走势大概率是主力消磨浮筹的一种手段,为更好地上攻积蓄能量。注意,这段横向波动的时间越长，该股的后市上升空间就可能越大。

10 月上旬，K 线连续收阳拉升，伴随成交量的不断放大而站到 60 日均线上方，说明在三个月左右的调整过程中，市场中浮筹清理彻底，主力开始发力拉升，股价重新吹响了冲锋的号角。同时，5 日均线、10 日均线和 60 日均线呈现出发散状态，明确了股价上扬的态势，此时投资者就可以根据自己的操作策略逢低吸纳，或者加仓追涨。

下面来看该股的后市走势，如图 2-9 所示。

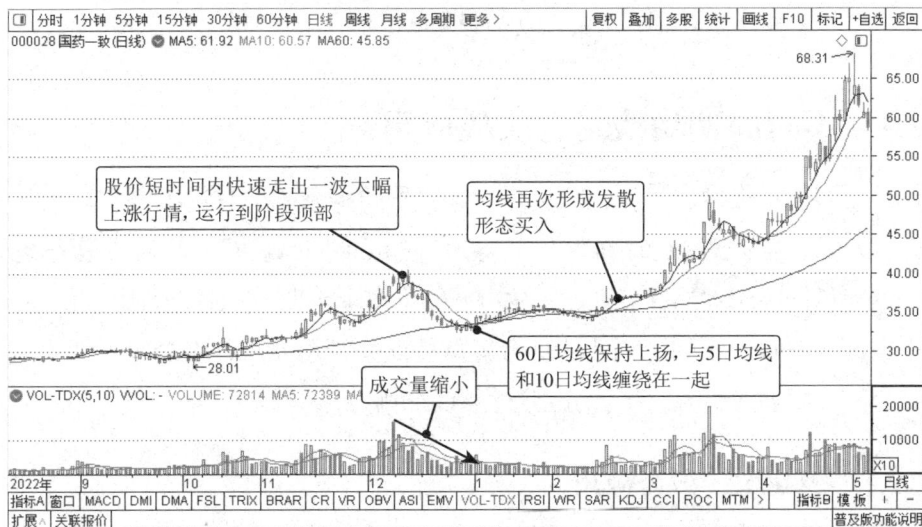

图 2-9 国药一致 2022 年 8 月至 2023 年 5 月的 K 线走势

从图 2-9 中可以看到，该股之后在 60 日均线上快速上涨，两个月左右的时间，股价就从 30.00 元价位线附近上涨到 40.00 元价位线上，涨幅超过 33%。

之后股价开始回调，短线操作者此时可以逢高卖出，毕竟已经有一波不错的收益了。观察回调阶段中的指标走势，发现成交量不断缩小，而且 60 日均线保持向上运行势态，说明股价中长期上涨趋势并未改变。

但是股价在 60 日均线位置获得支撑后均线就缠绕在一起了，此时场外投资者最好持币观望，等待新一轮行情启动的信号。

最终，均线在 2023 年 2 月左右的放量推动下形成发散形态，说明新一轮的上涨行情已经启动。此时就是一个不错的追涨时机，投资者可根据自己的操作策略买入或加仓。

从后续的走势来看，股价依托 5 日和 10 日均线大幅度向上偏离 60 日均线，走出了一波更可观的上涨行情，从 35.00 元价位线附近上涨到 68.31 元的高价，涨幅超过 95%。即使投资者错过了上一波上涨行情，在这轮上涨中也可以获得非常不错的收益，而前期借助 60 日均线买进的第一批投资者获得的投资收益就更多了。

由此可见，投资者在实战操作过程中遇到股价长期运行在 60 日均线下方的走势时要谨慎操作，一旦股价放量突破这条生命线，均线的向上趋势不变，投资者可以在突破之后买入或加仓。

2.2　不同周期均线组合实战应用

在实战操作中，短期均线比较容易受股价的涨跌变化影响而随时改变运行方向，容易被主力操作，因此，具有一定的"欺骗性"，俗称"骗线"。

为了提高预判的准确性，实战中一般将多个周期的均线进行组合使用。根据周期长短的不同，均线的组合类型可以分为短期均线组合、中期均线组合和长期均线组合，下面分别进行具体讲解。

2.2.1　短期均线组合应用

短期均线组合主要用于观察和预测市场的短期趋势，为短线投资者制定买卖决策提供指导，具体是指由两条或两条以上的短期均线结合在一起使用的均线组合。

但是出于传统使用习惯，大家会把 20 日均线或 30 日均线放置到短期均线组合中使用，这种带有中期均线的短期均线组合比完全由短期均线组成的短期均线组合更有实用价值。

常见的短期均线组合有 5 日、10 日、20 日的均线组合及 5 日、10 日、30 日的均线组合。在这种组合中，20 日均线和 30 日均线都是用于衡量市场短、中期趋势强弱的重要标志，因此市场意义相同，只是预测的进出场点位略有差别，投资者可以根据自己的喜好和习惯选择其中之一即可。

确定一条中期均线后，再结合 5 日均线和 10 日均线的走势，就可以很好地进行短期买卖位置的预测了。具体如下：

①20 日均线或 30 日均线向上运行，表明市场看多，5 日均线与 10 日均线金叉买入，死叉卖出。当三条均线呈现发散形态或多头排列形态时，投资者要坚定持股。

②20 日均线或 30 日均线向下运行，表明市场看空，5 日均线与 10 日均线金叉谨慎抢反弹，死叉果断卖出。当三条均线呈现发散形态或空头排列形态时，投资者要坚定持币。

下面通过一个具体实例来了解。

实例分析 中兴通讯（000063）5 日、10 日和 30 日均线组合应用

图 2-10 为中兴通讯 2022 年 9 月至 12 月的 K 线走势。

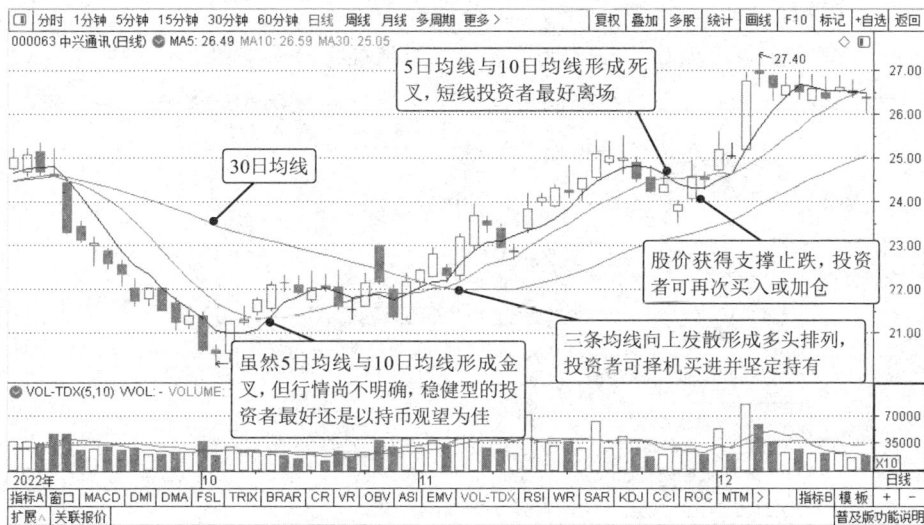

图 2-10　中兴通讯 2022 年 9 月至 12 月的 K 线走势

从图 2-10 中可以看到，该股在创出 20.30 元的价格后企稳开始上涨，并且 5 日均线很快上穿 10 日均线形成金叉，表明短期持仓者看好后市走势。但是反观此时的 30 日均线，仍然保持明显的向下运行，表明市场中的中期抛压仍然存在。

因此，单从短期均线组合的角度来分析，此时的 20.30 元并不能够确定为行情的底部价格，出于安全考虑，稳健型的投资者最好还是持币观望。

随着股价的一路震荡上涨，5 日均线、10 日均线与 30 日均线逐渐靠拢，且 30 日均线的跌速也有所减缓，最终在 11 月初相交后快速发散，且明显向上形成多头排列，说明趋势已经反转，行情步入了上涨阶段，此时投资者可以择机买进并坚定持股待涨。

之后股价依托 5 日均线，在 10 日均线和 30 日均线上方走出一波连续上涨行情，最终在 11 月下旬上涨到 25.00 元价位线后滞涨回落。不到一个月的时间，投资者已经有了约 14% 的投资收益，对于短线投资者来说已经很不错了。那么当股价出现回落，带动 5 日均线下穿 10 日均线形成死叉时，投资者就可以卖出了。

但是很快股价便在向上运行的 30 日均线上方获得支撑止跌回升，说明此时市场中的做多氛围还是比较浓厚的，前期已经出局的短线投资者可以再买进，继续持股待涨。

如此反复波段操作，短线投资者就可以抓住每一段涨幅。虽然可能没有买在波动的最低点，卖在波动的最高点，但是这种操作相对是比较安全的，对于短线投资者来说是不错的操作策略。

图 2-11 为中兴通讯 2023 年 6 月至 10 月的 K 线走势。

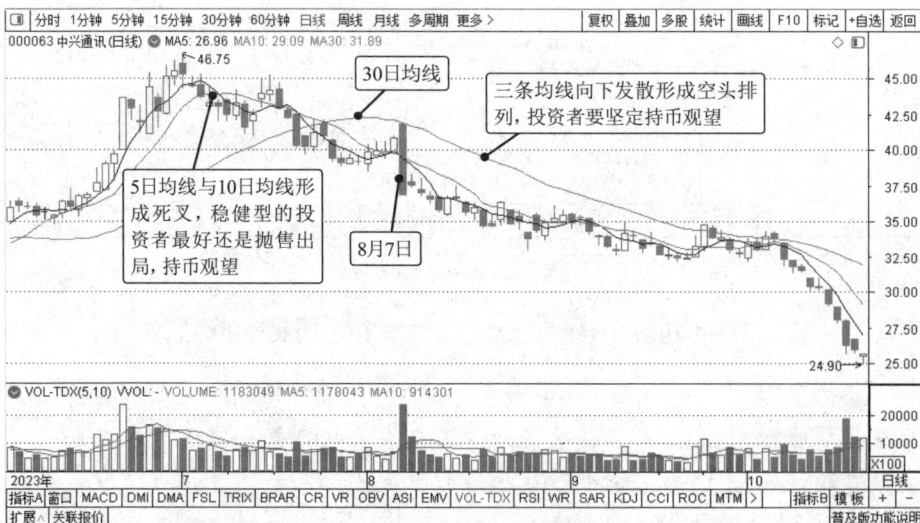

图 2-11　中兴通讯 2023 年 6 月至 10 月的 K 线走势

从图 2-11 中可以看到，该股在创出 46.75 元的最高价后次日便开始回落，5 日均线率先拐头向下，很快与走平的 10 日均线交叉形成死叉。这就表明短期持仓者不看好后市走势，稳健型的投资者在此时就可以清仓出局了。

虽然股价在 42.50 元价位线附近止跌，但是仅三个交易日后就在 45.00 元价位线上受阻回落，K 线连续收出阴线跌破 30 日均线，且 30 日均线的上扬角度也明显减缓，有趋于走平的迹象。这表明中期持仓者也不看好后市，预示该股中期趋势将会走弱，此时前期还未离场的投资者也可以抛售出局了。

随着股价的进一步下跌，30 日均线也开始拐头向下运行，尤其在 8 月 7 日，该股收出巨量长阴线后三条均线形成空头排列形态，进一步表明了股价处在空方控制之下，下跌已经开启。此时投资者要坚定持币策略，规避后市股价持续下跌带来的亏损。

2.2.2　中期均线组合应用

中期均线组合具体是指由两条或两条以上的中期均线结合在一起使用的均线组合，主要用于观察和预测市场中期趋势。最为常见的中期均线组合是将 10 日均线与其他中期均线进行组合，如 10 日、20 日、60 日均线组合及 10 日、30 日、60 日均线组合。除此之外，20 日、40 日、60 日均线组合也是比较常用的一种组合方式。

在实际操作中，中线均线组合的具体使用方法如下：

①在上涨行情中，中期均线组合向上扩散呈现多头排列，表明市场中期趋势向好，是看多后市的信号，此时投资者应采取持股待涨的操作策略。

②在下跌行情中，中期均线组合向下蔓延呈现空头排列，表明市场中期趋势看淡，是看空后市的信号，此时投资者应采取持币观望的操作策略。

③当中期均线组合中的 20 日或 30 日均线向上突破 60 日均线形成金叉时，预示着该股后期可能会出现一波可观的中期上涨行情，投资者可密切关注，做好买进的准备。

④当中期均线组合中的 20 日或 30 日均线向下跌破 60 日均线形成死叉时，预示着该股后期可能会出现一波较大的中期下跌行情，投资者可进行减仓或清仓操作。

⑤在股价持续下跌之后，中期均线组合呈现黏合的形态，此时就要引起投资者注意。若之后均线开始向上发散，则预示着行情见底回升，后市可能将迎来一波上涨甚至反转。由此可见，在下跌行情中预判行情是反弹还是反转时，中期均线组合相对于短期均线组合来说更适用。

⑥中期均线组合黏合的形态也可能出现在上升行情或下跌行情的其他位置，表明多空双方势均力敌。若多方占据优势，则均线会向上发散，开启一波上涨行情；若空方占据优势，则中期均线组合会向下发散，开启一波下跌行情。

⑦在单边市场中，中期均线组合也有非常明显的优势。当牛市或熊市运行到末期，均线组合开始逆向呈空头排列或多头排列时，常常意味着中长期趋势可能已经逆转。

下面通过一个具体实例来了解。

实例分析 甘肃能化（000552）10 日、30 日和 60 日均线组合应用

图 2-12 为甘肃能化 2020 年 2 月至 12 月的 K 线走势。

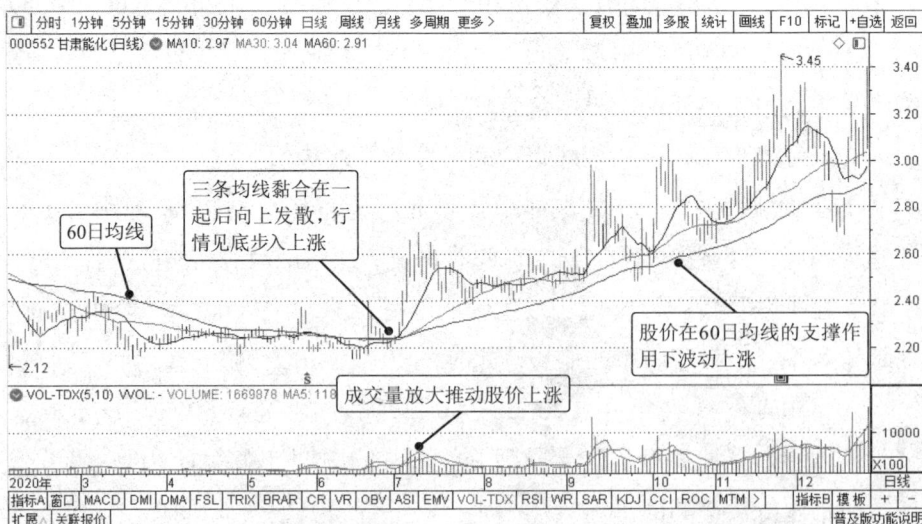

图 2-12　甘肃能化 2020 年 2 月至 12 月的 K 线走势

从图 2-12 中可以看到，该股在创出 2.12 元的价格后止跌回升，但是最终在 3 月中旬运行到下行的 60 日均线处受阻回落，10 日均线也拐头向下。

随后，股价下跌到 2.20 元价位线附近止跌回升，但是市场中缺乏量能支撑，因此，回升的幅度不大，最终在 2.20 元至 2.30 元价格区间窄幅横向波动。同时 60 日均线的跌速减缓，随后与 30 日均线和 10 日均线黏合在一起，说明此时市场中多空双方势均力敌。中期均线组合在股价持续下跌的低价位区出现这种形态，行情见底的可能性较大，投资者要密切关注该股，并做好抄底的准备。

在经过三个多月的低位横盘整理后，该股于 7 月初在成交量不断放大的推动下向上突破压力位，带动中期均线组合向上发散，且 60 日均线也呈现出明显的向上运行趋势，说明行情大概率开启了上涨，激进型的投资者可以择机抄底买进。

从后市的走势来看，该股向上走出了一波震荡拉升行情，股价的每一次回落都在上行的 60 日均线处获得支撑，足以证明 60 日均线对股价的支撑性。

图 2-13 为甘肃能化 2020 年 10 月至 2021 年 10 月的 K 线走势。

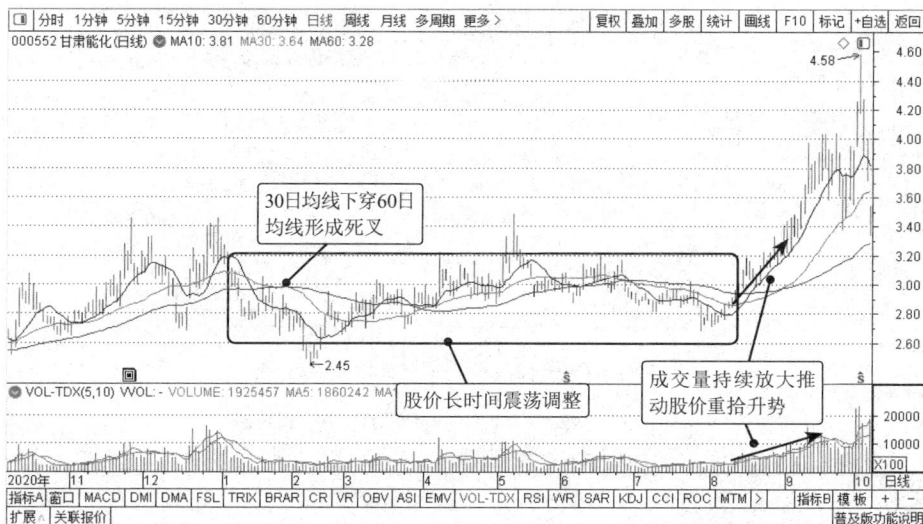

图 2-13　甘肃能化 2020 年 10 月至 2021 年 10 月的 K 线走势

从图 2-13 中可以看到，该股在 2020 年 11 月底运行到 3.40 元价位线上方后滞涨回落，10 日均线快速拐头向下，而 30 日均线和 60 日均线却继续保持上扬趋势，之后股价在短暂跌破向上的 60 日均线后很快止跌回升。

但是由于这波回升同期的成交量不能持续放大，股价上涨缺乏足够的动力支撑，于是在 12 月底再次上涨到 3.40 元价位线上方后受阻回落。此时 10 日均线已经下穿 30 日均线形成死叉，30 日均线拐头，60 日均线也走平。并且随着股价的继续下跌，30 日均线向下跌破 60 日均线形成死叉，中期均线系统向下发散，说明市场中期投资者看淡后市走势，即使后市不是下跌行情，也有一波中期调整。前期获利盘此时最好抛售出局观望，避开这一波下跌。

从后市的走势来看，该股确实经历了一波较长时间的震荡调整，直到 2021 年的 7 月底才结束。进入 8 月后，随着成交量的不断放大，股价向上有效突破了前期震荡的压力位，此时的中期均线组合也呈现出向上发散的状态，更加说明调整结束，行情重拾升势，早期离场的投资者可以根据自己的操作策略再次逢低买进。

图 2-14 为甘肃能化 2021 年 10 月至 2022 年 8 月的 K 线走势。

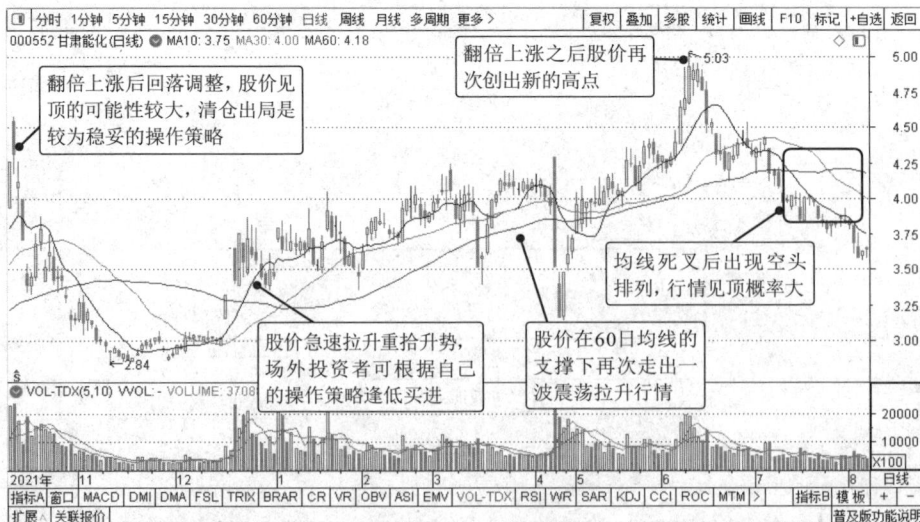

图 2-14　甘肃能化 2021 年 10 月至 2022 年 8 月的 K 线走势

从图 2-14 中可以看到，该股在 2021 年 10 月底上涨穿过 4.50 元价位线后又出现滞涨，10 日均线和 30 日均线明显向下运行并形成死叉，60 日均线也出现走平迹象。

相对于上涨初期的 2.12 元的低价，此时股价涨幅已经翻倍，那么这里的滞涨回落极有可能预示着行情逆转，因此，稳健型的投资者可以考虑在这个过程中抛售出局。

之后股价在创出 2.84 元的阶段低价后快速企稳，并且在 12 月中旬的突然放量推动下急速拉升，带动 10 日均线和 30 日均线向上运行，60 日均线也出现走平趋于向上的走势，说明股价在一轮大幅下跌调整之后再次延续了上涨走势。

在三条均线发散形成多头排列时投资者可以择机跟进，整个上涨过程中，60 日均线都保持良好的向上走势，因此中期投资者可以坚定持有。

最终股价在 2022 年 6 月创出 5.03 元的高价后开始急速下跌，10 日均线很快便和 30 日均线相交形成死叉。随着股价持续下跌，10 日均线和 30 日均线也相继跌破走平的 60 日均线形成死叉，并且很快形成均线的空头排列形态，市场发出强烈的中长期看空信号，稳健型的投资者要坚定出局，激进型的投资者也要减仓了。

下面来看该股后市的走势，如图 2-15 所示。

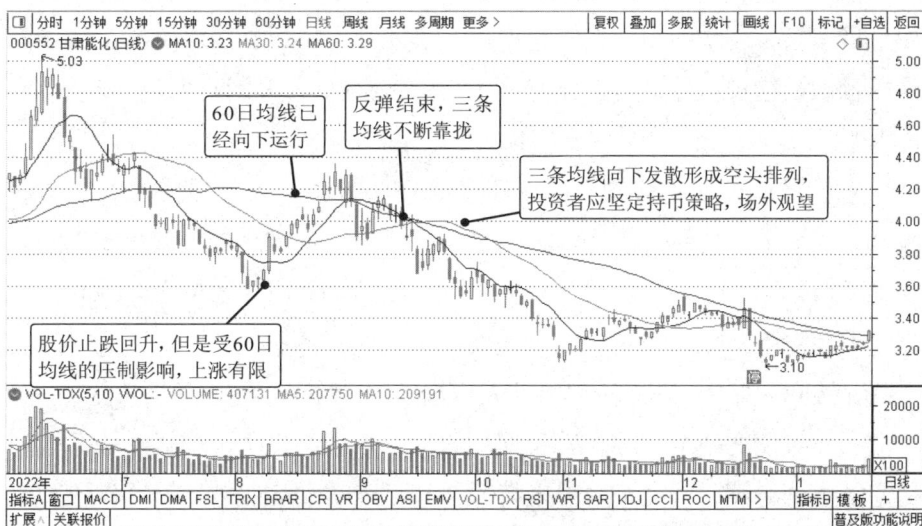

图 2-15　甘肃能化 2022 年 6 月至 2023 年 1 月的 K 线走势

从图 2-15 中可以看到，该股创出 5.03 元的高价后持续下跌，不到两个月的时间就触及 3.60 元价位线，跌幅超过 28%，也算是不小的下跌了。

之后股价企稳出现一波拉升，但是 60 日均线始终向下运行，说明市场中的做空氛围浓烈，市场中期看跌，投资者最好不要操作。

果然，该股在 2022 年 8 月下旬短暂突破 60 日均线后便滞涨回落，三条均线不断靠拢，最终向下发散后形成空头排列，更加确定了下跌行情的到来，此时投资者最好清仓出局，以持币观望的策略为佳。

从该股后市长时间的大幅下跌走势来看，股价始终受到 60 日均线的压制，一直到 2023 年 1 月，该股的跌势仍旧没有结束的趋势。

通过这个实例可以更加明确地感受到，中期均线组合中 60 日均线的走向对于中期投资者的买卖决策来说是非常重要的参照，而 10 日均线与 30 日均线或 20 日均线的走向，则对稳健型的中期投资者提前预测出货点有重要的指示意义。

2.2.3 长期均线组合应用

从字面意思来理解，长期均线组合就是指由两条或两条以上的长期均线结合在一起使用的均线组合，作用是观察和预测市场的长期趋势。

然而，由于均线具有滞后性，尤其以长周期均线的滞后特征最为明显，如果将多条长期均线组合在一起使用，可能会得出更加滞后的买卖信号。投资者依据这种信号进行操作，很多时候都会踏空一段行情或持仓坐一段过山车。

为了提高长期趋势预测的准确性，在实战中，人们习惯在长期均线组合中加入中期均线。最为常见的组合是两条中期均线加一条长期均线，比如 20 日（30 日）、60 日、120 日均线组合和 20 日（30 日）、60 日、250 日均线组合。

在实际操作中，长期均线组合的具体使用方法如下：

①在长期均线组合中，若长期均线持续上行，说明市场处于一个较为稳定的上涨行情中，投资者可以持股待涨；若长期均线持续下行，说明市

场处于一个较为稳定的下跌行情中，待涨投资者可以采取持币观望的操作策略。

②在长期均线组合中，若所有均线呈现多头排列形态，说明市场处于长期牛市行情中，投资者的操作策略应以持股为主；若所有均线呈现空头排列形态，说明市场处于长期熊市行情中，投资者的操作策略应以持币观望为主。

③当股价向上突破长期均线后，中期均线从下向上穿过长期均线形成的金叉可视为一个买点。当股价向下跌破长期均线后，中期均线从上向下穿过长期均线形成的死叉可视为一个卖点。

④对于长期下跌的个股，当股价向上突破多条长期均线时，这意味着在这些周期内买进的投资者都已解套或有盈利，市场中多方占优势，且肯定有主力进场，那么后市上涨也就是水到渠成的事情。此时投资者就应看多做多，尤其在股价回档不破 30 日均线时，更是一个不错的买入时机。

⑤针对第④条用法投资者需要特别注意，当股价向上突破长期均线组合时，必须要有成交量放大的配合，且成交量的大小将决定股价后市上涨的动力及上升的空间。

下面来看一个具体的实例。

实例分析 深物业 A（000011）30 日、60 日和 120 日均线组合应用

图 2-16 为深物业 A 2019 年 5 月至 2020 年 3 月的 K 线走势。

从图 2-16 中可以看到，该股经历了一波长时间的大幅下跌，大部分时间都在 120 日均线下方运行，虽然期间有过两次反弹，但是最终都没有有效突破该均线的压制，而是继续下跌。

由此可见，120 日均线对股价的压制作用非常强，股价一日不能有效突破其压制，下跌趋势就将持续一日。因此，在这种情况下，投资者最好持币场外观望。

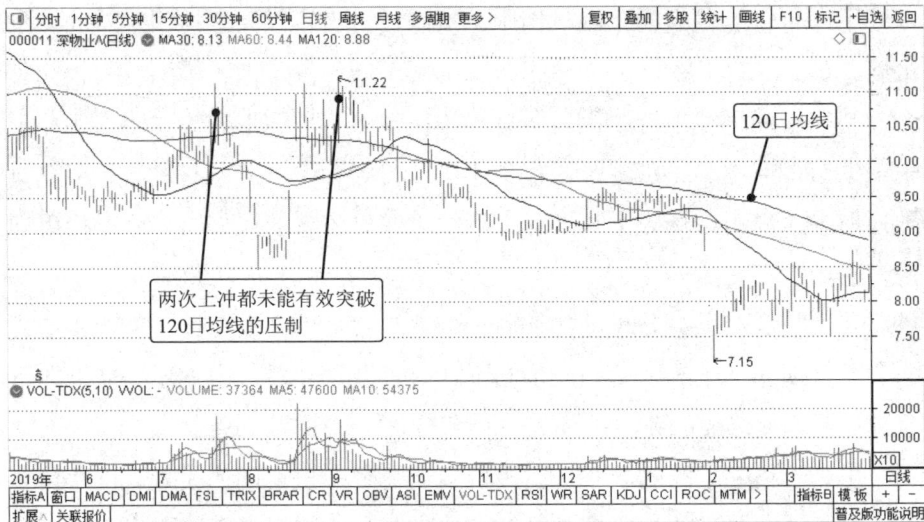

图 2-16　深物业 A 2019 年 5 月至 2020 年 3 月的 K 线走势

图 2-17 为深物业 A 2020 年 1 月至 5 月的 K 线走势。

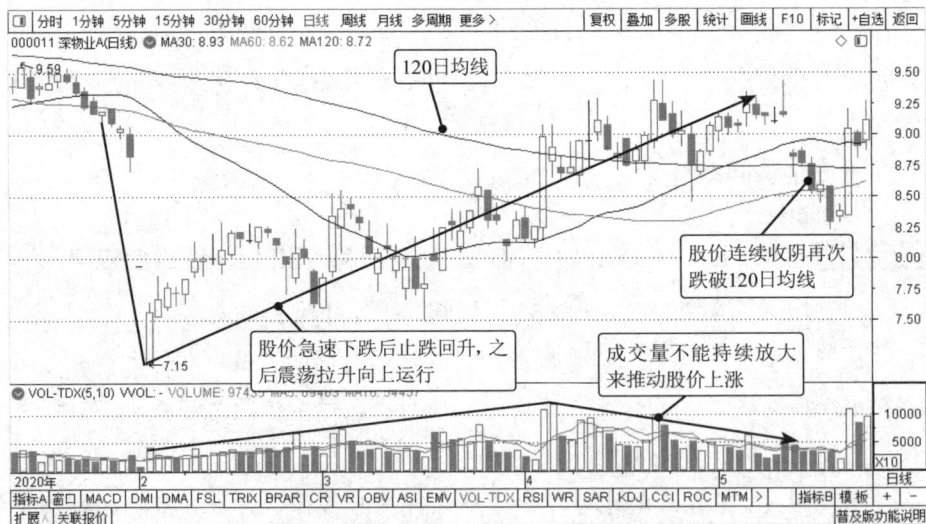

图 2-17　深物业 A 2020 年 1 月至 5 月的 K 线走势

从图 2-17 中可以看到，该股在 2020 年 1 月底急速下跌后创出 7.15 元的低价，之后止跌缓慢震荡拉升。但是在拉升过程中的大部分时间内，60 日均线和 120 日均线都是向下运行的，这说明市场中仍有较大压力，此时介入的风险比较大。

　　同时观察成交量，在 4 月初达到这段拉升的最大值后便开始回落，以至于该股在 4 月中旬即使突破了 120 日均线，也因为缺少成交量的持续放大配合而显得动能不足。最终股价在 5 月中下旬再次连续收阴压低并跌破 120 日均线。

　　观察此时的长期均线组合发现，30 日均线和 60 日均线还保持着向上运行的趋势，120 日均线的跌速也出现明显的减缓。这说明行情大概率有望转势步入上涨。投资者可密切关注该股。

　　下面接着看该股之后的走势，如图 2-18 所示。

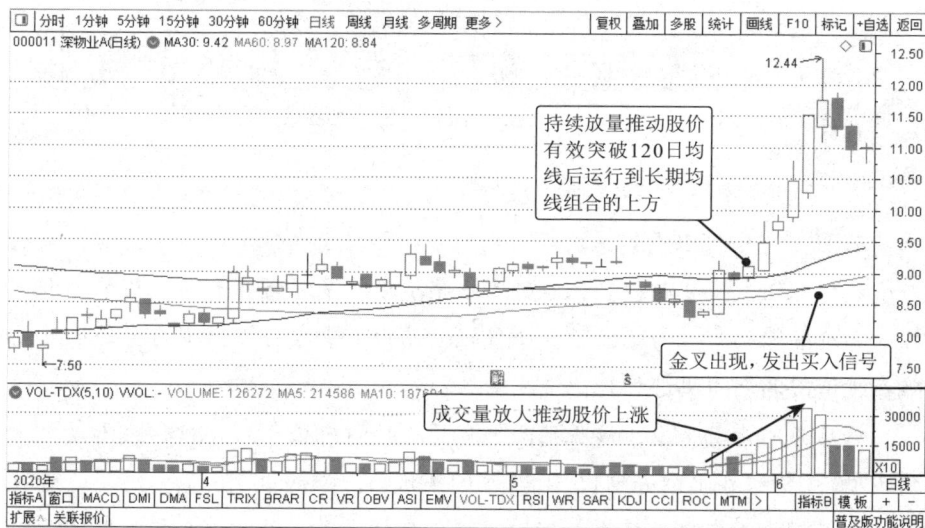

图 2-18　深物业 A 2020 年 3 月至 6 月的 K 线走势

　　从图 2-18 中可以看到，该股在 5 月中下旬跌破 120 日均线后很快在 8.23 元的位置止跌，之后成交量不断放量，在 5 月底推动股价连续突破了长期均线组合并站在成交量上方。

　　随后，伴随成交量的不断放大，60 日均线拐头上穿 120 日均线形成金叉，发出一个买入信号。虽然信号稍显滞后，但中期均线与长期均线形成的金叉表明后市可能会有一段令人激动的牛市行情，投资者可以择机买入，持股待涨。

图 2-19 为深物业 A 2020 年 5 月至 8 月的 K 线走势。

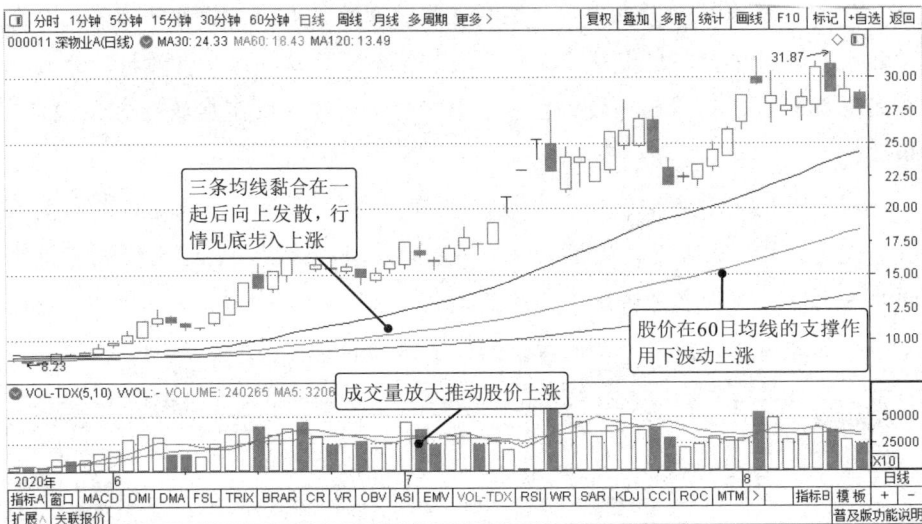

图 2-19 深物业 A 2020 年 5 月至 8 月的 K 线走势

从图 2-19 中可以看到，之后长期均线组合向上发散呈现多头排列，说明行情趋势已经发生逆转，且已经进入牛市阶段，是非常良好的多头持股期，投资者可顺势而为，坚定持股。仓位较轻的投资者也可以根据自身的操作策略在股价回调期间买进加仓，持股待涨。

从后市的走势来看，该股在两个多月的时间内从 9.00 元价位线附近上涨到 30.00 元价位线上方并创出 31.87 元的高价，涨幅超过 254%。

如果投资者在前期根据长期均线组合分析出了买入时机，并且抓住时机买入持股，就有机会收获一波非常可观的牛市涨幅收益。

本节在介绍短期均线组合、中期均线组合及长期均线组合的使用时，都是以三条均线为例的，不同的均线组合有各自的优缺点。例如，短期均线组合，虽然相对于长期均线组合来说可以提早预测买卖点，但是正因为过度灵敏，以至于过早发出买卖信号，导致投资者面临被套或踏空风险；而长期均线组合发出的买卖信号虽然较为滞后，但是更具稳定性。

因此，在实际操盘中，投资者可以将短期均线组合、中期均线组合和长期均线组合混合在一起使用，例如，将 5 日、10 日、30 日、60 日、

120 日组合在一起形成一个均线交易系统，通过长期均线的走向判断大趋势，利用短期均线组合或者中期均线组合发出的买卖信号来作出买进卖出的决策。这样既体现了均线的灵敏性，又能确保趋势具有稳定性，决策让投资者不至于在下降趋势的反弹行情中满仓操作，又能在上升趋势的调整行情中空仓。

　　当然，如何将短期、中期和长期均线组合在一起使用，又如何选择具体的均线周期及均线条数是没有固定标准的，投资者可以根据自己的使用习惯进行灵活选择和搭配。

第 3 章

均线经典应用法则详解

　　一说到均线技术的应用，不得不提到其中比较经典的应用法则——葛兰威尔买卖法则。该法则是以股价和均线为基础进行研究而总结出的一系列买卖原则，内容精辟，用法简单，被广大投资者视为投资"法宝"。

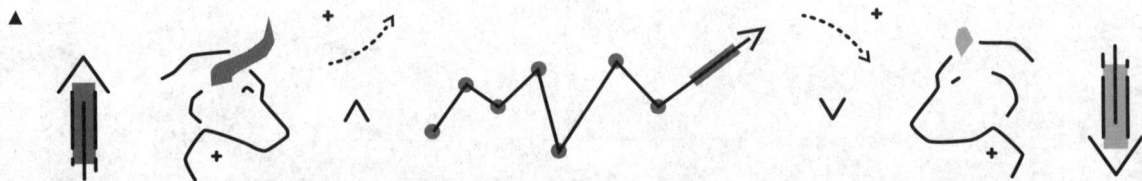

3.1　快速了解葛兰威尔买卖法则

葛兰威尔买卖法则为投资者提供了基于价格与均线关系的交易策略，可以帮助投资者更好地把握市场趋势和交易时机。

下面就来具体了解葛兰威尔买卖法则的基本内容。

3.1.1　一图展示葛兰威尔买卖法则

葛兰威尔买卖法则是技术分析"大师"葛兰威尔根据价格与均线的关系设计的一套交易判断方法，共有八个买卖判断法则，因此，葛兰威尔买卖法则又被称为葛兰威尔八大法则。

葛兰威尔买卖法则中价格与均线配合形成的买卖点位置可以通过图 3-1 进行直观展示。

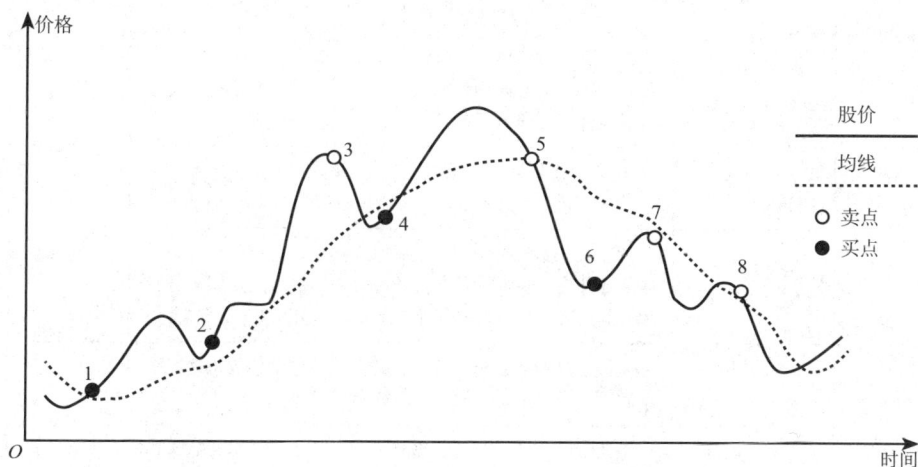

图 3-1　葛兰威尔买卖法则示意图

在实际情况中，示意图中展示的八个买卖信号可能不会在一段有限的走势中完整地呈现出来，它们可能只出现几个或单独存在，而且出现的先后顺序也不完全按照示意图中展示的进行。例如，在一段上涨行情中，可能先出现买点 4，再出现买点 2；卖点 3 也不一定是在买点 2 和买点 4 之间，很可能出现在买点 1 和买点 2 之间。

3.1.2 葛兰威尔买卖法则基本内容

从图 3-1 展示的葛兰威尔买卖法则中可以看到，该法则中有四条买入法则和四条卖出法则，各买卖法则的具体介绍见表 3-1。

表 3-1　葛兰威尔买卖法则基本内容介绍

分类	法则核心	法则描述	示意图对应位置
买入法则	买入法则 1：向上突破买进	下跌行情末期，均线从下降转为拐头向上，股价从下方向上突破均线，视为买进时机	1
	买入法则 2：回调不破止跌	股价在均线上方运行，回调时未跌破均线，说明该均线对股价形成的支撑十分可靠，其后股价止跌再度上涨时可视为买进时机	2
	买入法则 3：小幅破位上拉	股价之前在均线上方运行，回调时小幅跌破均线后止跌，但此时的均线仍呈上升趋势，说明该股还有一段涨幅，当股价止跌再次上拉时可视为买进时机	4
	买入法则 4：偏离过大反弹	股价在均线下方运行并连续下跌，偏离均线越来越远，某一时刻可能会向均线靠拢，一旦止跌反弹即视为买进时机，但不宜期望过高	6
卖出法则	卖出法则 1：向下跌破卖出	上涨行情末期，均线走势从上升逐渐转为走平下跌，股价从上方向下跌破均线，视为卖出时机	5
	卖出法则 2：反弹不过止涨	股价在均线下方运行，反弹时在接近均线的位置受阻，未能成功向上突破，说明该均线对股价形成的压制十分强大，其后股价止涨再度下跌，可视为卖出时机	7
	卖出法则 3：小幅突破下拉	均线总体向下运行，股价反弹小幅突破均线后再次回落跌破，说明市场卖压加重，可视为卖出时机	8
	卖出法则 4：偏离过大回落	股价在均线上方运行并连续大涨，偏离均线越来越远，可能会回靠均线，产生获益回吐的卖压，一旦股价滞涨回落即视为卖出时机	3

从表 3-1 中可以看到，葛兰威尔买卖法则是以均线指示股价运行的大趋势，以股价与均线的相对位置作为判断买卖点的依据。因此，任何周期的均线都适用于该法则，当然，得出的买卖信号也是有区别的。

如果选用短期均线，葛兰威尔买卖法则反映的就是短期买卖点。

如果选用中期均线，葛兰威尔买卖法则反映的就是中期买卖点。

如果选用长期均线，葛兰威尔买卖法则反映的就是长期买卖点。

此外，投资者还需要知道以下两点内容：

①均线周期越短，其灵敏性越强，葛兰威尔买卖法则产生的交易信号就越多，但有效性却越弱。为了提高交易的有效性，投资者还需要借助其他趋势分析方法判断和确认中长期均线的方向，如再加一条中长期均线作为辅助，避免卖在上升趋势，买在下跌趋势。

②均线周期越长，滞后性越强，葛兰威尔买卖法则产生的交易信号也越滞后，投资者确定买卖点的难度就越大。

因此，在本章后面介绍葛兰威尔买卖法则的实战应用时，采用的是 60 日中期均线来讲解。

这里仍然需要特别强调，任何投资决策都应基于全面的市场分析和适合个人的投资策略，而不是依赖一种或几种技术指标。因此，接下来讲的内容还是仅从知识的角度讲解葛兰威尔买卖法则的应用，投资者在实战操作中不能单凭该法则来作出买卖决策。

3.2　葛兰威尔买入法则技术应用

在葛兰威尔的四条买入法则中，有三条法则处于上升阶段，一条法则处于下跌行情，下面对这四条买入法则在实战中的具体应用进行详细讲解。

3.2.1　第一买入法则应用：向上突破买进

葛兰威尔第一买入法则的技术含义是行情见底，后市看涨，基本技术特征如下：

①出现在上涨初期，偶尔出现在上升趋势回调末期。

②60 日均线由下行逐渐走平，然后略拐头向上。

③股价会持续上涨并突破 60 日均线。

④股价突破 60 日均线后，二者移动的方向均向上。

在实战中，当股价向上突破 60 日均线时，均线的方向可以是横向走平甚至略向下运行。但在股价突破 60 日均线之后，均线的方向应迅速转为向上运行或有向上运行的趋势，否则行情逆转的概率将大大降低，甚至有可能只表现为下跌趋势中力度相对较大的反弹。遇到这种情况时，稳健型的投资者最好持币继续观望。

另外，在向上突破 60 日均线时，K 线最好呈现中阳线或大阳线，而且突破均线前后如果已经构筑或正在构筑底部形态，例如，双重底、头肩底，又或是旗形、楔形、矩形等整理形态，发出的买入信号会更有说服力。

同时，行情要发生逆转就必须要有足够的量能推动。所以，在这一阶段，成交量是否能够持续支撑股价上涨也是一个比较重要的分析点。

下面来看一个具体的实例。

实例分析 ST 数源（000909）股价放量突破 60 日均线买入分析

图 3-2 为 ST 数源 2021 年 7 月至 12 月的 K 线走势。

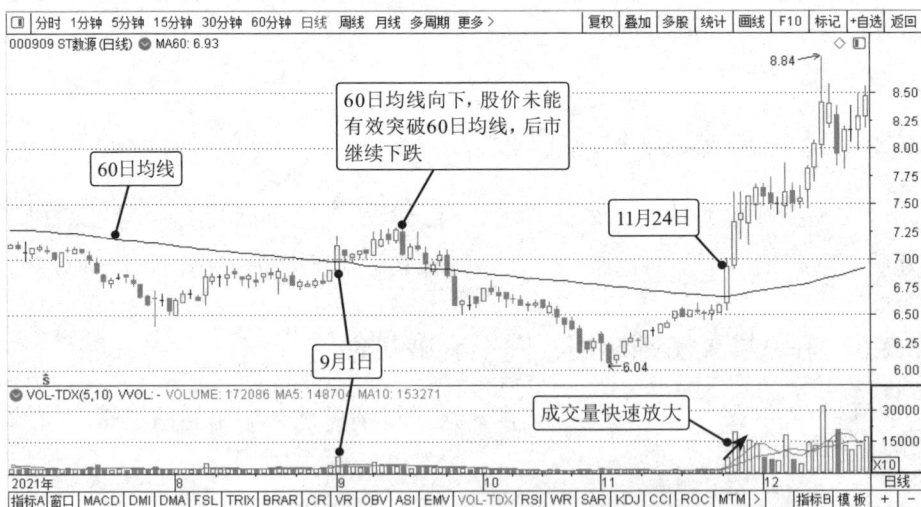

图 3-2　ST 数源 2021 年 7 月至 12 月的 K 线走势

从图 3-2 中可以看到，该股在 7 月底下跌触及 6.50 元价位线后止跌，短暂横盘几个交易日后开始上拉，由于无量能配合，这波上拉走得很艰难，最终在 9 月 1 日借助微微的放量突破 60 日均线。

观察 9 月 1 日当天的走势，如图 3-3 所示。

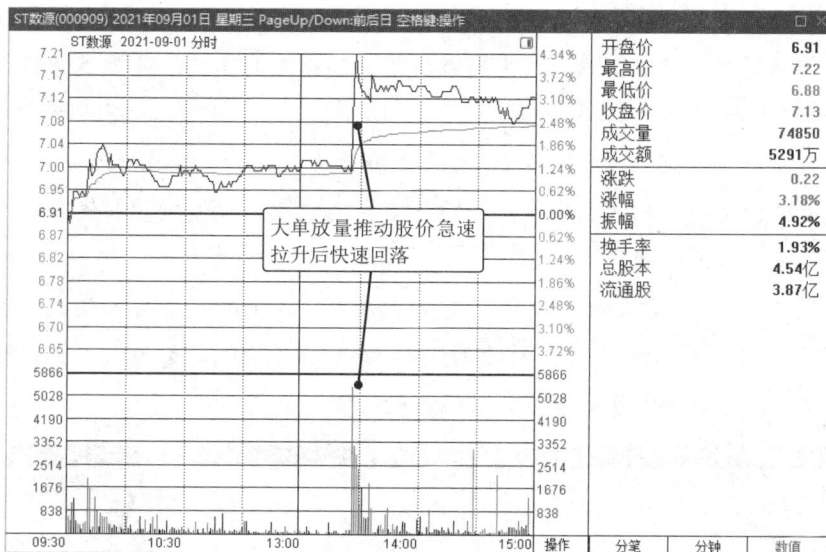

图 3-3　ST 数源 2021 年 9 月 1 日的分时图

　　从图 3-3 中可以看到，该股当日以 6.91 元的价格平开后有过一波小幅放量拉升，但是在触及 7.04 元价位线后受阻回落，之后始终围绕均价线上下波动，一直持续到下午。在 13:26，该股突然放出一笔巨大的成交量将股价急速拉升到当日的最高价 7.22 元，但是在下一分钟就开始回落，最终当日以 7.13 元的价格收出一根中阳线。

　　之后几天，股价都在 60 日均线上方运行，这是否说明前期的突破是葛兰威尔第一买入法则的买点呢？投资者还需要仔细分析。

　　首先，此时的 60 日均线并没有向上或走平的迹象，而是继续保持明显的向下运行趋势。

　　其次，虽然该股在 9 月 1 日放量以中阳线突破 60 日均线，之后也站在了 60 日均线上方，但后来形成的都是小实体 K 线，且成交量迅速降低。

　　股价上涨缺乏量能支撑，且 60 日均线对股价还有向下压制的作用，因此，可以判断这一次的突破并不是葛兰威尔第一买入法则的买点。

　　从后市的走势来看，该股之后的上涨并没有持续几个交易日便受阻回落，更加可以将其确定为下跌行情中的一波力度相对大的反弹，后市继续看跌，投资者仍然需要采取场外观望的操作策略。

之后该股在 60 日均线下方持续运行了较长时间。如果投资者在前期突破的位置盲目抄底介入，又没有在股价回落时及时出局，就会遭受不小的损失。

11 月 2 日，股价在创出 6.04 元的低价后止跌回升，60 日均线的跌速有所减缓，但是同时期的成交量却仍然没有太大变化，谨慎型的投资者最好还是持币观望一段时间。

11 月 24 日，该股放量拉升突破 60 日均线，次日更是在更大的成交量推动下运行到 60 日均线上方。这次的股价上穿 60 日均线是否为葛兰威尔第一买入法则的买点呢？下面来观察这两日的走势，如图 3-4 所示。

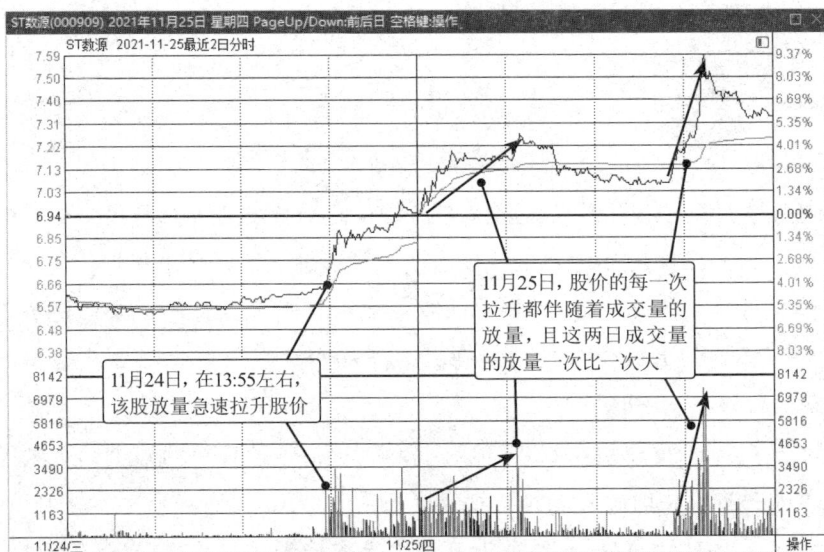

图 3-4　ST 数源 2021 年 11 月 24 日和 25 日的分时图

从图 3-4 中可以看到，11 月 24 日，该股以 6.61 元的价格开盘后小幅回落并在 6.57 元价位线上止跌，之后围绕该价位线上下窄幅波动。在 13:55 左右，该股突然放量走出一波急速上涨行情，股价快速摆脱前期的横向波动走势，最终以 6.94 元的价格收出一根大阳线。

次日该股继续放量拉升，虽然盘中有过一段时间的回落，但是最终在 13:50 左右再次上冲，一度达到 9.37% 的涨幅线位置，这两个交易日的成交量更是一次比一次大。

返回到图 3-2 的 K 线走势中，在 11 月 25 日股价运行到 60 日均线上方后，该均线已经有明显的向上运行趋势了。

无论从均线走势还是突破位置的 K 线及成交量来看，都符合葛兰威尔第一买入法则的技术特征，投资者此时再买进安全性将会更高。

上面这个案例再次说明了在大幅下跌末期行情逆转时，判断股价突破均线处是否为可靠的葛兰威尔第一买入法则的买点，对成交量的分析非常重要。

3.2.2　第二买入法则应用：回调不破止跌

葛兰威尔第二买入法则的技术含义是上涨回调结束，投资者可继续买入，基本技术特征如下：

①出现在上涨途中，偶尔也会出现在上涨末期。

②60 日均线始终保持良好的向上运行趋势。

③股价回调不破 60 日均线止跌，继续上涨。

投资者在葛兰威尔第二法则的买点出现后入场的风险会比上一个买点更小，因为此时的上涨趋势已经明朗。

在实战中，股价回调的形态有很多，可能以缓慢向下的方式回调，也可能是以急速向下的方式回调，还可能是以整理形态（如矩形整理，楔形整理、三角形整理等）回调。无论何种方式，最终 K 线可能刚接触到 60 日均线就止跌回升，也可能还未接触到 60 日均线便被强大的支撑力推回，这两种都可视作股价回调不破止跌，代表着场内多方力量强势，个股还有一定的上升空间。

如果股价是以急跌向下的方式回调至 60 日均线附近，或在 60 日均线上方止跌，表明多方力量非常强大。急跌大多是主力主动清理浮筹所致，回调之后更多的筹码被集中到主力手中，这样就减轻了后市拉升的压力，可能出现暴涨行情。

需要说明的是，股价在上涨过程中可能多次回调，因此，葛兰威尔第二法则的买点可能多次出现，只不过每一次的高点和低点都依次升高。买点数量越多，60 日均线的支撑力越强，股价上涨幅度也可能越大。只要

60 日均线的上行运行趋势不变，投资者都可以根据自己的操作策略进行加仓。

但是需要警惕的是，上涨行情的末期也可能出现葛兰威尔第二法则的买点，谨慎型的投资者最好不要在这类高价位区买进，避免高位追涨被套。

下面来看一个具体的实例。

实例分析 电广传媒（000917）股价回调获 60 日均线支撑加仓分析

图 3-5 为电广传媒 2022 年 6 月至 2023 年 1 月的 K 线走势。

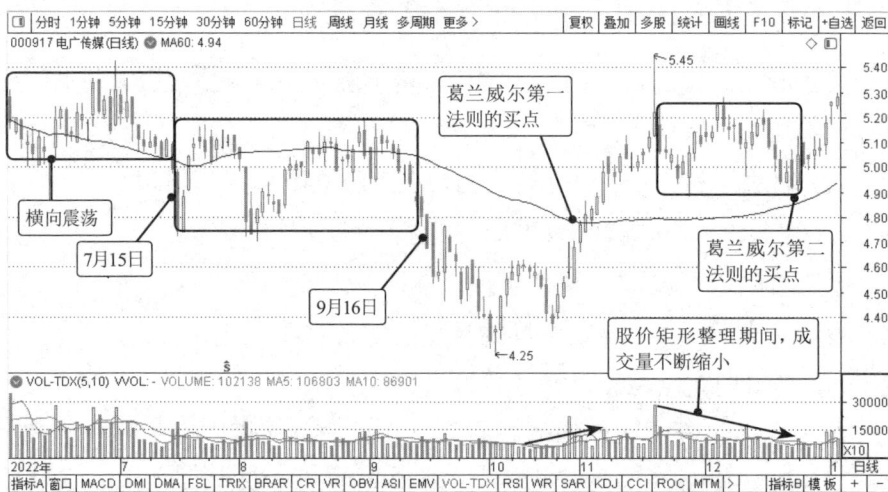

图 3-5　电广传媒 2022 年 6 月至 2023 年 1 月的 K 线走势

从图 3-5 中可以看到，该股在 2022 年 6 月左右跌速减缓，之后在 5.00 元至 5.40 元价位线之间经历了一波横向震荡。

7 月 15 日，该股低开后一路低走，当日以 5.01% 的跌幅大阴线报收，并跌破这一整理区间的支撑价位线。之后该股进入另一个横向整理区间，始终在 4.80 元至 5.20 元的价格区间内波动，60 日均线出现走平迹象。但是在这个价格区间中，股价大部分时间还是在 60 日均线下方运行，说明市场中的做空势力更占优势。

9 月初，该股跌破 60 日均线运行到下方，并在 9 月 16 日以 2.71% 的跌幅收出一根中阴线，跌破了这一横向整理区间的支撑价位线。60 日均线再次向下运行，说明市场中的做空势力在增强，投资者继续看空做空。

10 月初，该股在创出 4.25 元的新低后止跌，之后有过一波上冲，但是在无量能的支撑下于 4.60 元价位线受阻回落到 4.40 元左右止跌。此次止跌点高于 4.25 元，60 日均线跌势减缓并有走平的迹象，股价有望逆转。

之后股价伴随成交量的温和放大连续收阳拉升并突破走平的 60 日均线，且 60 日均线有向上运行的趋势，激进型的投资者可根据葛兰威尔第一买入法则，结合自己的操作策略适当买入抄底。

11 月中旬，该股创出 5.45 元的高价后快速回落，之后保持在一个价格区间内横向震荡，60 日均线呈现逐步上行走势。

12 月中下旬，该股回落到价格区间的下边线时已经十分接近 60 日均线了，震荡期间成交量不断缩小，且 60 日均线已经呈现明显的上行趋势，属于典型的回调不破止跌买入法则，投资者可逢低吸纳买进。

下面继续来看该股后市走势，如图 3-6 所示。

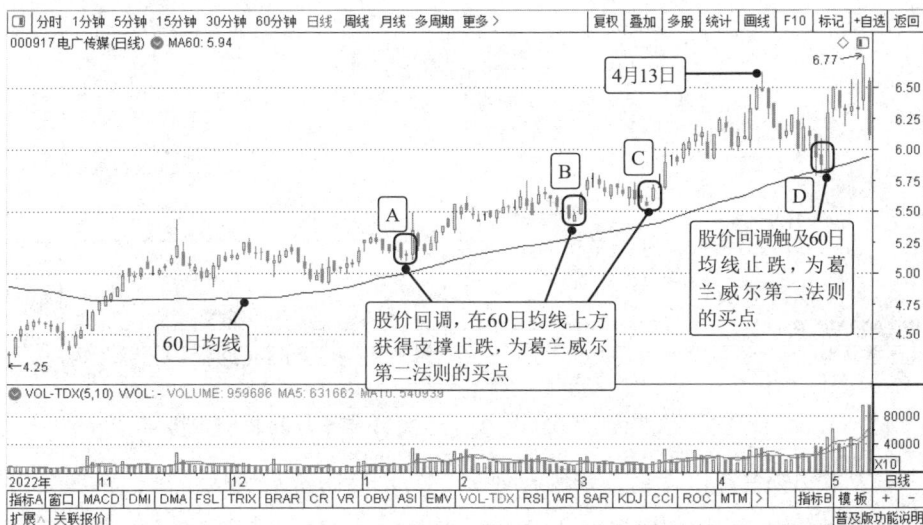

图 3-6　广电传媒 2022 年 10 月至 2023 年 5 月的 K 线走势

从图 3-6 中可以看到，60 日均线在股价下方呈现良好的上行趋势，说明行情已经逆转步入上涨阶段。在这一期间，股价也曾多次回调（图中的 A、B、C 位置），但是每一次回调都在 60 日均线上方获得支撑，说明 60 日均线的支撑非常有效，这些位置都是葛兰威尔第二买入法则的买点，投资者可根据自己的持仓情况和操作策略进行加仓。

2023 年 4 月上旬，该股在运行到 6.50 元价位线附近后再次滞涨，在

4 月 13 日创出 6.62 元的高价后进行了一波大幅回落，K 线触及 60 日均线，但是 60 日均线并没有出现疲软，因此，此位置也可以视为葛兰威尔第二买入法则的买点，即图中的 D 点位置。

但是股价从 4.25 元上涨到 6.62 元已经有了近 56% 的涨幅，相对来说已经运行到一个高位区域。之后股价是逆转下跌还是出现较大幅度的回调，仅从 60 日均线和股价的相对位置来看无法准确预测，因此，稳健型的投资者最好谨慎追涨。

事实上，该股之后经历了一波跌幅较大的下跌，如图 3-7 所示。

图 3-7　电广传媒 2022 年 9 月至 2023 年 5 月的 K 线走势

从图 3-7 中可以看到，该股在创出 6.77 元的高价后快速下跌，在三个交易日后就跌破了 60 日均线，此时 60 日均线也有拐头向下运行的迹象。股价最终在 5.25 元价位线附近止跌，这一波跌幅就达到了 22% 左右，几乎跌去了股价前期涨幅的一半。

如果短线投资者在 D 点买进，操作不及时则很有可能在这一波下跌中亏损。所以，这里再次强调，在有一定涨幅空间的高价位区，短线投资者要谨慎追涨。

3.2.3　第三买入法则应用：小幅破位上拉

葛兰威尔第三买入法则的技术含义与葛兰威尔第二买入法则的技术含

义相似，也表示上涨回调结束，投资者可继续买入，基本技术特征如下：

①出现在上涨途中，偶尔也会出现在上涨末期。

②60 日均线始终保持良好的向上运行趋势。

③股价回调跌破 60 日均线，但是并未向下远离，而是很快止跌重新上穿 60 日均线。

相对于葛兰威尔第二买入法则来说，这里的买入信号已经有所削弱，因为股价已经跌破 60 日均线，说明均线的支撑被空方攻破。如果 60 日均线仍然保持良好的上升趋势，且股价很快就止跌，说明 60 日均线的支撑作用没有失效，只是被相对削弱，股价的上涨趋势也没有发生实质性改变。

如果股价跌破 60 日均线后没有很快止跌，或者止跌之后没有很快上穿 60 日均线，且 60 日均线也没有保持良好的上行趋势而是趋于走平，即使股价后续上穿 60 日均线，也极有可能在不久之后转为下行，此时投资者要谨慎买进。

下面来看一个具体的实例。

实例分析 东方盛虹（000301）股价小幅跌破 60 日均线后止跌上拉分析

图 3-8 为东方盛虹 2020 年 8 月至 2021 年 5 月的 K 线走势。

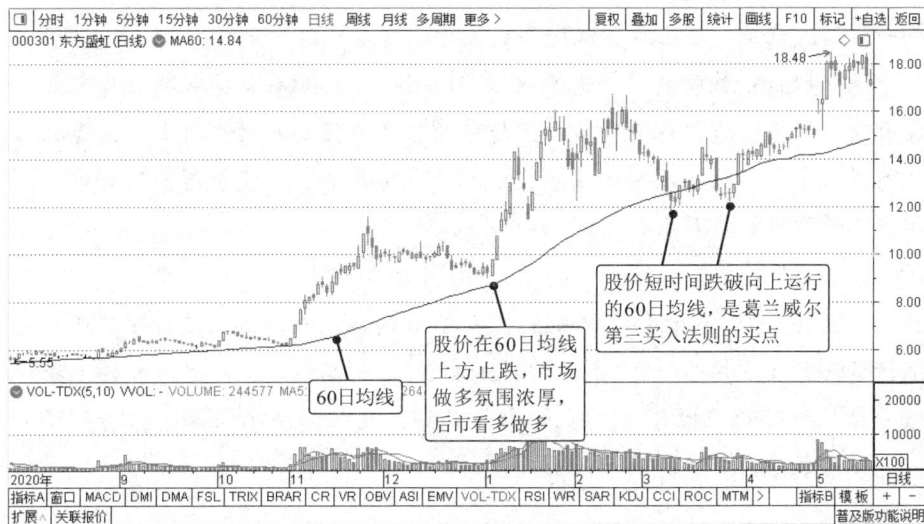

图 3-8 东方盛虹 2020 年 8 月至 2021 年 5 月的 K 线走势

从图 3-8 中可以看到，在 2020 年 10 月底之前，该股出现了震荡拉升的走势，震荡高点和回调低点都一波比一波高，且每一次的回落都受到 60 日均线的支撑，说明 60 日均线对股价的支撑作用非常强。

进入 11 月后，该股在成交量不断放大的推动下走出一波大幅拉升行情，60 日均线的走势相对于之前也变得更加陡峭，说明其支撑作用在加强。股价在 11 月下旬运行到 11.00 元价位线后滞涨回落，之后持续了一个多月的时间，成交量不断缩小，不过 60 日均线上扬的趋势保持良好。最终股价于 2021 年 1 月初在 60 日均线上方止跌回升，更加证明了 60 日均线强有力的支撑，以及市场中的做多氛围浓烈，投资者可在后市继续看多做多。

1 月底，股价运行到 16.00 元价位线附近受阻回落，之后再次拉起到该价位线时再次受到阻碍。回顾之前的走势，股价从 6.00 元价位线附近急速上涨到此时的 16.00 元左右，涨幅已经超过 166%，此时受抛压限制滞涨也是顺理成章的。且行情之后也有可能发生逆转，因此，稳健型的投资者可以选择逢高卖出，落袋为安。

事实上这一波下跌幅度也确实比较大，持续了一个月左右，并在 3 月上旬跌破 60 日均线。由于 60 日均线此时的上扬趋势保持良好，上旬对股价仍然具有较强的支撑作用，因此，股价在一个交易日后便再次上穿 60 日均线，在几个交易日的整理后再次运行到 60 日均线上方。从葛兰威尔买入法则判断，这里就是一个买点，激进型的投资者可以在此位置再次加仓。

虽然股价很快便再次回落跌破 60 日均线，但是 60 日均线的上行趋势并没有受到影响，股价也在跌破后短暂停留了几个交易日便止跌上穿，再次形成葛兰威尔第三买入法则的买点，前期没来得及跟进的投资者，此时可以根据自己的炒股策略再次介入。

图 3-9 为东方盛虹 2021 年 3 月至 10 月的 K 线走势。

从图 3-9 中可以看到，该股在上穿 60 日均线后继续走出了一波可观的上涨行情，并在 9 月 16 日冲高回落创出 41.30 元的高价。仅观察这一轮上涨行情，可见该股的涨幅超过 238%，翻了几倍，此时的冲高回落意味着行情可能会回落或逆转。

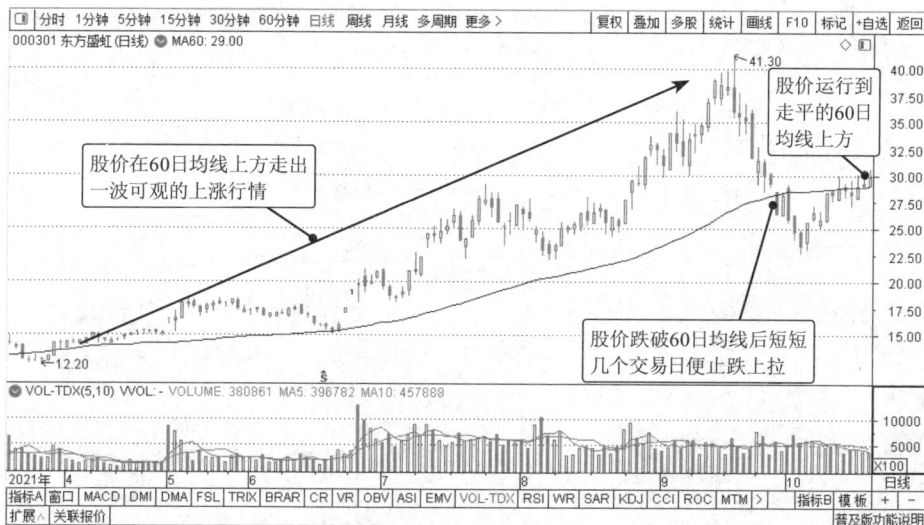

图 3-9　东方盛虹 2021 年 3 月至 10 月的 K 线走势

之后股价确实出现了一波急速下跌，短短几个交易日就跌破了 60 日均线来到 27.50 元价位线附近，不过仅仅下跌了几个交易日便止跌。

这是否又是一个葛兰威尔第三买入法则的买点呢？

来分析此时的 60 日均线，从图 3-9 中可以看到，60 日均线在被跌破后已经出现了走平的迹象，说明其支撑作用在减弱。

股价在 10 月中旬上拉触及 60 日均线，由于缺乏量能的支撑显得十分吃力，但是最终还是站在了 60 日均线上方。同时期的 60 日均线已经出现了明显的走平趋势，说明前期的葛兰威尔第三买点可靠性不高，再加上是在高位区出现的，投资者最好谨慎买入。

下面来看该股后市的走势，如图 3-10 所示。

从图 3-10 中可以看到，该股自从 10 月反弹不过回归下跌后，之后的反弹始终受到 60 日均线的压制，在其下方经历了一波长时间的深幅下跌，跌势沉重。

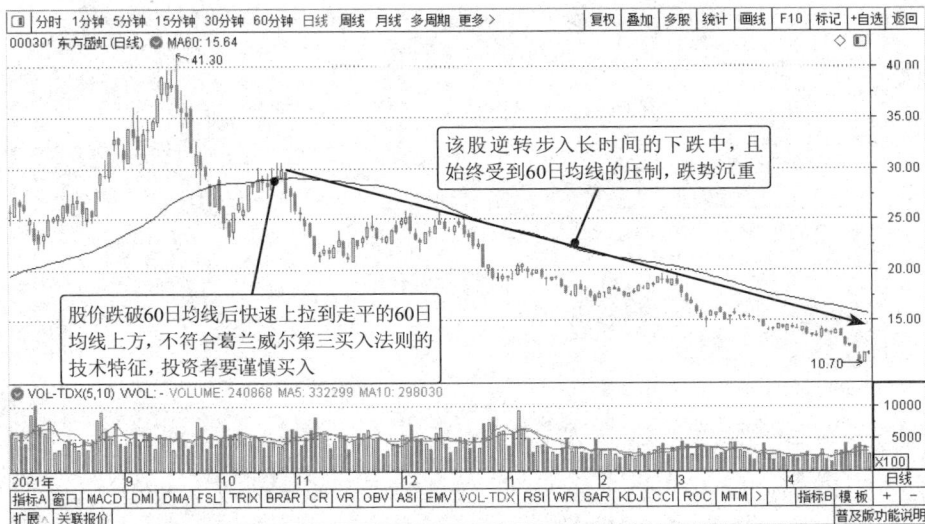

图 3-10 东方盛虹 2021 年 8 月至 2022 年 4 月的 K 线走势

通过这个案例，更加说明了投资者在运用葛兰威尔第三买入法则买入时，一定要严格分析买点是否满足以下两个条件：

①股价跌破 60 日均线之后很快重新站到 60 日均线之上。

②股价重新站上 60 日均线后，均线的运行方向仍保持向上。

对于没有符合以上两个基本条件的疑似葛兰威尔第三买入法则的买点，投资者需要谨慎对待其发出的买入信号，尤其是在大幅上涨的高价位区域，投资者更要谨慎买入。

3.2.4 第四买入法则应用：偏离过大反弹

葛兰威尔第四买入法则的技术含义是股价下跌偏离过大，阶段见底反弹，基本技术特征如下：

①出现在下跌初期或下跌途中。

②60 日均线拐头向下并保持下跌状态。

③股价在 60 日均线下方暴跌，远离 60 日均线。

一般而言，股价在 60 日均线下方暴跌的速度越快，偏离 60 日均线越远，行情止跌后的反弹力度就越大，发出的买入信号也就越可靠。

但是相对于其他三个买入法则而言，第四买点处于下跌行情中，股价在急跌之后又急转向上的走势往往只是下跌行情中的反弹，而非趋势的反转，投资者的目标也只是抢这一小段反弹向上的收益，因此，这里的买点操作难度较大，稍微反应迟缓一点就无利可图，甚至被套。因此，稳健型的投资者最好不参与，追求长期收益的趋势交易者也可以不予理睬。

下面来看一个具体的实例。

实例分析 藏格矿业（000408）下跌初期股价偏离 60 日均线止跌抢反弹

图 3-11 为藏格矿业 2021 年 8 月至 2022 年 4 月的 K 线走势。

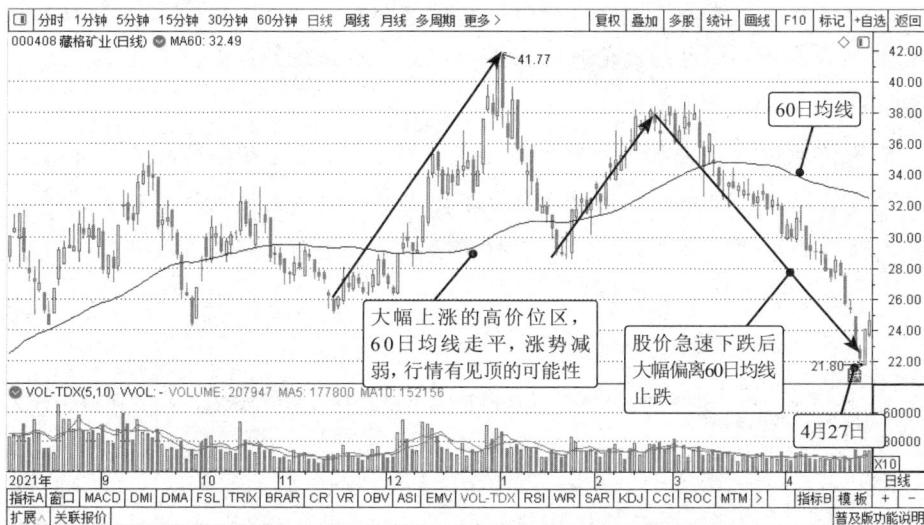

图 3-11　藏格矿业 2021 年 8 月至 2022 年 4 月的 K 线走势

从图 3-11 中可以看到，该股于 9 月中旬之前在向上运行的 60 日均线上方震荡拉升，每一次回落都受到 60 日均线的支撑止跌。

在 9 月中旬，该股上涨到 35.00 元价位线附近后滞涨，之后快速回落，短短几个交易日便跌破 60 日均线。虽然股价很快回归到 60 日均线上方，但是 60 日均线上行的倾斜度明显减缓，说明市面助涨动能不足，最终该股围绕着 60 日均线在 25.00 元至 35.00 元的价格区间上下震荡。

进入 12 月，该股在一波量能放大的推动下向上突破 60 日均线，但是 60 日均线的走势在短时间内并没有太大的变化，这一波上涨很快在创出

41.77 元的高价后滞涨回落。

之后股价呈现出直线下跌的趋势，短暂跌破 60 日均线后上拉回破，由于其滞后性，此时的均线较 11 月来说有一定的上扬，但是量能相对于前期来说并没有明显放大，反而缩小了许多，因此，股价在触及 36.00 元价位线后滞涨横盘，最终在 2022 年 3 月向下回落并跌破 60 日均线。

股价此轮上拉并没有超过前期的 41.77 元高价便下跌，从 K 线形态来看，这两个高点形成了一个类似双重顶的形态（有关内容将在本书后面章节介绍），是股价见顶的信号。且股价在急速下跌的过程中带动 60 日均线出现拐头向下的趋势，更加确定行情即将步入下跌通道中。

但是在这一波急速下跌过程中，K 线大幅向下偏离了均线，最终在 4 月 27 日低开高走，以 8.77% 的涨幅收出一根大阳线止跌，并创出了近期下跌的最低价 21.80 元。

所谓物极必反，股价大幅偏离 60 日均线，有可能在均线的牵引作用下主动进行修复，因此，在止跌后大概率会出现一波较大的反弹。从葛兰威尔买卖法则的应用角度来分析，这里就是第四买入法则的买点，激进型的投资者可以轻仓买进抢一波反弹。

下面来看后面的走势，如图 3-12 所示。

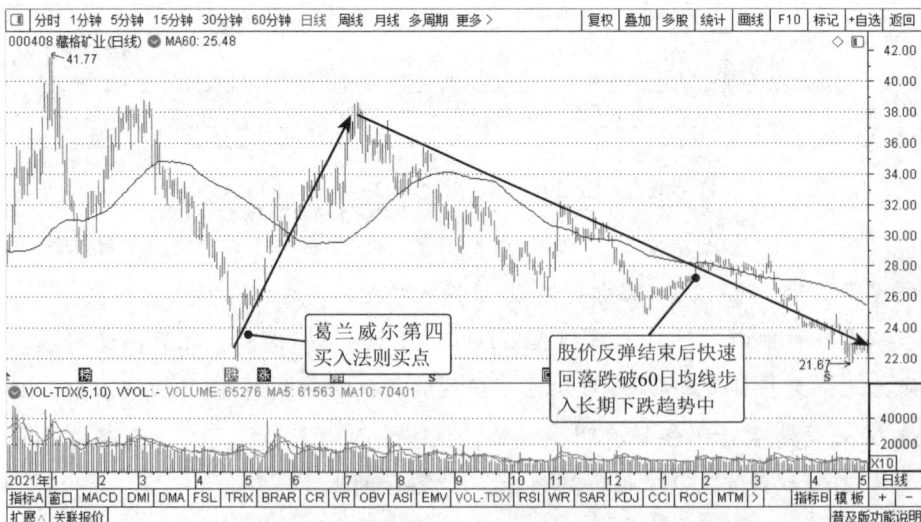

图 3-12 藏格矿业 2021 年 12 月至 2023 年 5 月的 K 线走势

从图 3-12 中可以看到，该股止跌后很快反弹上拉并持续了两个多月，从 22.00 元价位线附近上涨到 38.00 元价位线附近，涨幅约为 73%，是一波非常不错的反弹行情，60 日均线在这期间也被扭转向上运行了一段时间。之后股价在 38.00 元上涨受阻后便结束了反弹，回落跌破 60 日均线并带动向下运行，并且之后长时间受到该均线的压制逐步走低。

回顾这段走势，投资者可以非常清晰地看出股价在下跌初期出现的葛兰威尔第四买点，以及这波反弹的结束位置和涨幅。

但是在当时下跌行情开启后，股价的这波反弹能否穿过向下运行的 60 日均线并扭转其向上运行，能否走出一波涨幅可观的反弹呢？投资者是无法预测的。有可能股价反弹可观到 60 日均线处便受到压制继续下跌，那么这波反弹持续的时间就不是很长，而且涨幅也不是特别大，投资者稍微反应迟缓一点就有可能出现亏损。

所以，在下跌行情中寻找葛兰威尔第四买点操作时，投资者一定要轻仓介入，且坚持快进快出的原则，才更有可能在抢反弹中获利，建议稳健型的投资者来说，最好还是对葛兰威尔第四买入法则的买点不予考虑，避免参与相关操作。

3.3 葛兰威尔卖出法则技术应用

在葛兰威尔的四条卖出法则中，有三条法则处于下跌阶段，一条法则处于上涨行情，下面对这四条卖出法则在实战中的具体应用进行详细讲解。

3.3.1 第一卖出法则应用：向下跌破卖出

葛兰威尔第一卖出法则的技术含义是行情见顶，后市看跌，基本技术特征如下：

①出现在下跌初期，偶尔出现在下跌途中的中期横盘整理末期。

②60 日均线由上行逐渐走平，然后略拐头向下。

③股价持续下跌跌破 60 日均线。

在实战中，当股价向下跌破 60 日均线，只要 60 日均线有比较明显的走平迹象，葛兰威尔第一卖出法则的卖点就足够可靠，投资者要尽快出货离场。

如果在股价跌破 60 日均线时，60 日均线已经走半，并且在被跌破后很快转为下行，则后市看跌信号更强，此时投资者就要果断清仓。

下面来看一个具体的实例。

实例分析 韶能股份（000601）股价跌破 60 日均线卖出分析

图 3-13 为韶能股份 2022 年 2 月至 9 月的 K 线走势。

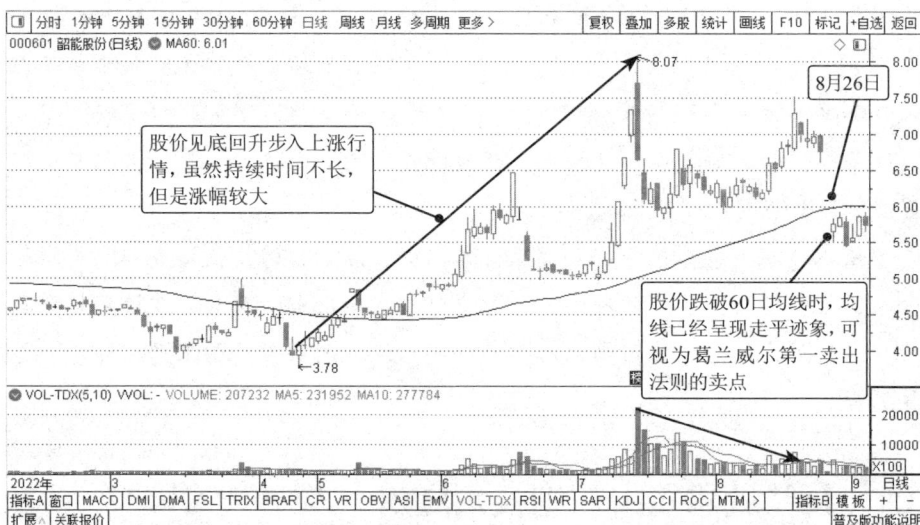

图 3-13　韶能股份 2022 年 2 月至 9 月的 K 线走势

从图 3-13 中可以看到，该股之间经历了一波长时间的大幅下跌后运行到低价位区，最终在 4 月 27 日创出 3.78 元的最低价后止跌步入上涨，60 日均线下行趋势变缓。

股价这波上涨持续的时间不长，从 4 月底到 7 月中旬，但是涨幅确实巨大，从最低的 3.78 元到最高的 8.07 元，涨幅超过 113%。

在创造如此巨大的涨幅后，该股迎来一波快速的回落走势，最终在 6.00 元价位线附近于 60 日均线上方获得支撑止跌，此时 60 日均线的运行趋势并没有多大的变化。

但是之后这波上涨明显吃力，下方成交量不断缩小，这说明行情大概率运行到顶部了。虽然此时的 60 日均线仍然处于上行趋势，但是最终也会因为股价上涨乏力的影响走平或拐头向下，此时稳健型的投资者最好抛售出局，锁定利润。

在 8 月中下旬，股价在 7.50 元价位线上受阻后回落。8 月 26 日，股价更是以跌停价开盘，并封板直至收盘，K 线形成了一根跌停一字线，说明市场抛压沉重。

次日，该股继续跳空低开，以 5.26% 的跌幅收出一根小阳线，跌破 60 日均线运行到其下方。此时的 60 日均线已经呈现明显的走平迹象，符合葛兰威尔第一卖出法则的要求，可视为一个卖点，投资者最好卖出持股，离场观望。

下面来看该股的后市走势，如图 3-14 所示。

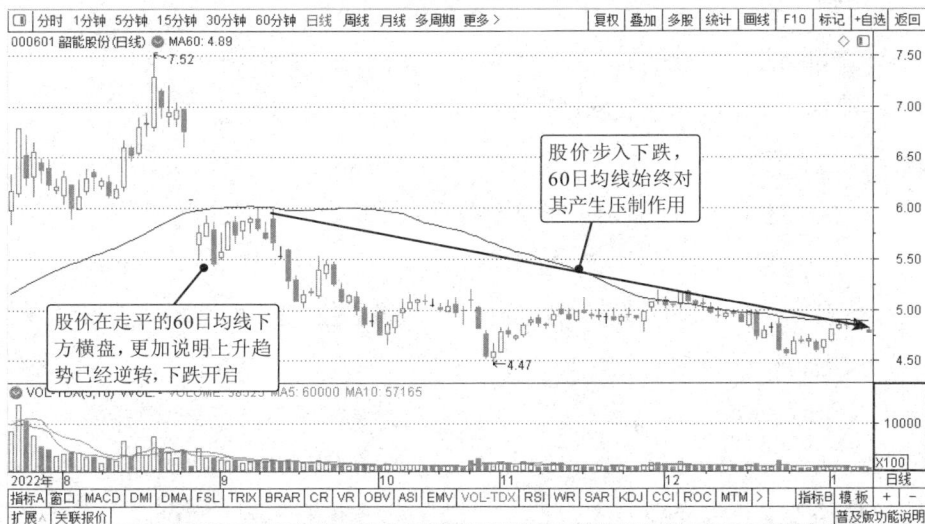

图 3-14　韶能股份 2022 年 7 月至 2023 年 1 月的 K 线走势

从图 3-14 中可以看到，该股在跌破 60 日均线后出现一波短暂的横盘，但是受到走平的 60 日均线的明显压制，始终在其下方运行，更加确定了葛兰威尔第一卖点的可靠性，此时投资者就要趁着这波横盘走势逢高卖出，规避后市的下跌。

在短短十几个交易日的横盘整理后，该股多次收阴持续下跌，60 日均线也被扭转向下运行，并且在之后的长期下跌过程中始终对股价形成强劲的压制。如果投资者在前期葛兰威尔第一卖出法则的卖点位置没有及时出局，将遭受较大的亏损。

3.3.2　第二卖出法则应用：反弹不过止涨

葛兰威尔第二卖出法则的技术含义是反弹结束，后市继续看跌，投资者要尽快离场，基本技术特征如下：

①出现在下跌途中，偶尔也会出现在下跌末期。

②60 日均线始终保持向下运行趋势。

③股价反弹不过 60 日均线，继续下跌。

股价反弹还未触及 60 日均线，或者刚触及 60 日均线便拐头向下结束反弹，说明行情大跌小涨，属于典型的空头市场特征，表明市场中的多方力量有限，后市继续看跌。

在实际的下跌走势中，葛兰威尔第二卖出法则的卖点可能会出现多次，而且每一次的高点和低点都依次降低，因此，大多数被套的投资者都会选择借助这种卖点止损，而且还应尽早卖出，因为每快一步，损失就少一些。

当然，也有一部分风险型短线投资者会在下跌途中建仓抢反弹，在葛兰威尔第二卖出法则的卖点位置出货。

若投资者抢反弹时买在止跌的低位，在葛兰威尔第二卖出法则的卖点位置卖出，可以获取反弹行情的最大收益。如果反弹力度足够大，收益还会比较可观。

但在实际操作过程中，投资者在此时选择卖出的风险极高，这是因为即便是经验丰富的交易专家，也无法确保能够准确预测"反弹不过"的位置在哪里。

如果 60 日均线的压制作用足够强大，可能股价在距离均线较远位置便拐头向下；如果 60 日均线的压制作用削弱，股价可能在刚触及 60 日均线时便结束反弹。

因此，参与抢反弹的投资者一定不要有侥幸心理，当下跌出现预兆后就要及时离场，规避后市长期走弱的被套风险。

有时候，在下跌行情中也会出现急速上涨的反弹，但是仍然没有越过 60 日均线，投资者不要被这波急涨走势迷惑，误以为上涨行情来临。通常在这种缓跌急涨不过 60 日均线的反弹之后，容易出现急跌的杀多行情，建议投资者尽早清仓出局。

下面来看一个具体的实例。

实例分析 中油资本（000617）下跌途中反弹不过 60 日均线卖出分析

图 3-15 为中油资本 2023 年 2 月至 8 月的 K 线走势。

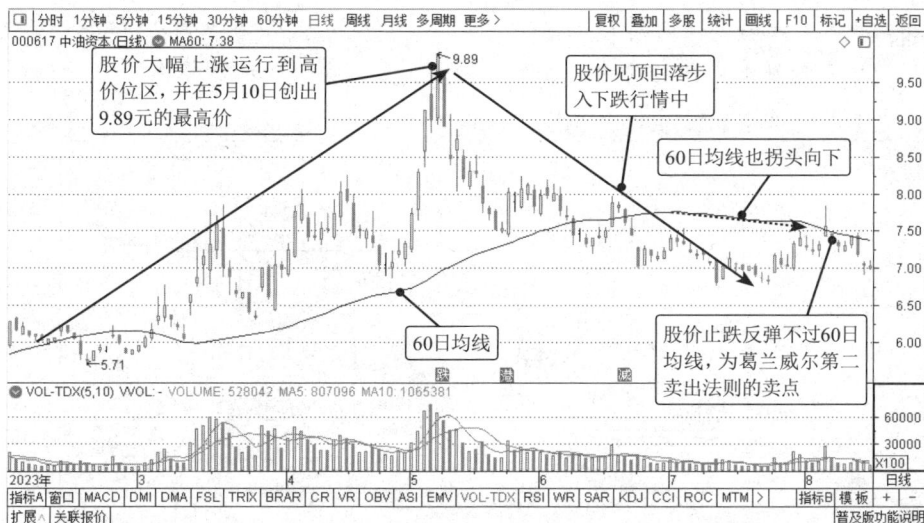

图 3-15 中油资本 2023 年 2 月至 8 月的 K 线走势

从图 3-15 中可以看到，该股在 3 月之前有过一波横向整理，进入 3 月后才重拾升势，在 60 日均线上方走出一波震荡行情，并在 5 月 10 日收出一根涨停大阳线创出 9.89 元的最高价。

次日，股价收出跌停大阴线，展开一波快速下跌。由于股价在之前已经有过一波较大幅度的上涨，此时的快速回落大概率预示着见顶，投资者可以减仓，兑现一部分利润。

6 月初，股价短暂跌破 60 日均线后止跌上拉，但是很快便止涨回落再次运行到 60 日均线下方。此时均线呈现明显的走平迹象，进一步说明行情可能已经发生逆转，该股步入下跌通道，稳健型的投资者应该及时清仓出局。

随着股价的不断下跌，进入 7 月后，滞后的 60 日均线也拐头向下运行，卖出信号更加明确。

7 月底，该股小幅跌破 7.00 元价位线后止跌反弹，但是由于此时已经处于下跌行情中，市场中做多动能稀少，股价的这一波反弹走得比较吃力。

最终股价在 8 月初与向下运行的 60 日均线汇合，但是最终未能越过，而是继续回落。这是一个典型的葛兰威尔第二卖出法则的卖点，前期还未离场的投资者此时要及时清仓止损。

下面继续来看该股后市的走势，如图 3-16 所示。

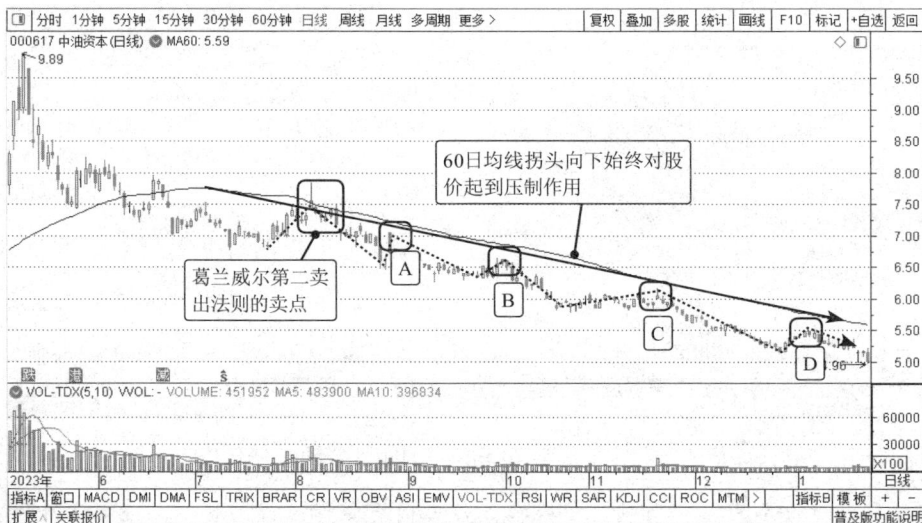

图 3-16　中油资本 2023 年 5 月至 2024 年 1 月的 K 线走势

从图 3-16 中可以看到，在形成葛兰威尔第二卖出法则的卖点后，该股一路震荡下跌，步入长时间的大幅下跌行情中。在下跌期间，该股也出现过多次反弹，但是反弹幅度都比较小，且持续的时间也不长，不适宜投资者抢反弹操作。

并且由于 60 日均线始终向下，对股价形成了较强的压制，使得股价每次反弹都在 60 日均线下方结束，如图 3-16 中的 A、B、C、D 点，这些位置都符合葛兰威尔第二卖出法则的条件，是场内套牢盘止损出局的位置。随着股价的逐步下跌，反弹高点逐步降低，越晚出局的投资者，损失越多。

3.3.3　第三卖出法则应用：小幅突破下拉

葛兰威尔第三卖出法则的技术含义与葛兰威尔第二卖出法则的技术含义相似，也表示反弹行情结束，后市继续下跌，基本技术特征如下：

①出现在下跌途中，偶尔也会出现在下跌初期或下跌末期。

②60 日均线始终保持向下运行趋势。

③股价反弹向上突破 60 日均线，但是并未远离，而是很快止涨重新下穿 60 日均线。

在实战中，葛兰威尔第三卖出法则的卖点经常与第二卖出法则的卖点交替出现，都发出的是后市看跌的信号。

当这种卖点位置出现在下跌初期，是比较好的止损点，但是如果此时 60 日均线的下行趋势非常明显，股价即便突破 60 日均线，投资者也要尽早卖出，否则不仅可能错失这个较好的止损时机，还可能反而被套。

下面来看一个具体的实例。

实例分析　湖北宜化（000422）反弹短暂突破向下的 60 日均线卖出分析

图 3-17 为湖北宜化 2021 年 11 月至 2022 年 11 月的 K 线走势。

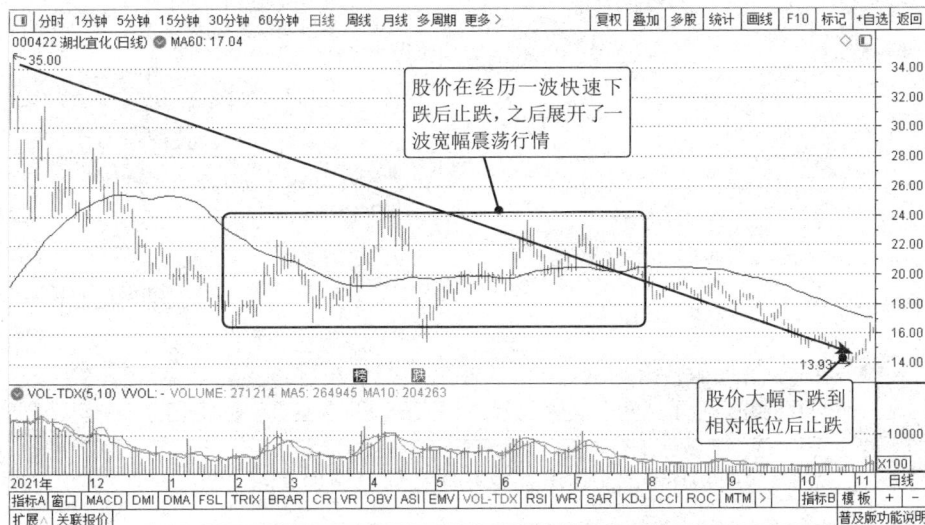

图 3-17　湖北宜化 2021 年 11 月至 2022 年 11 月的 K 线走势

从图 3-17 中可以看到，该股在创出 35.00 元的价格后见顶回落快速下跌，60 日均线也随之拐头向下运行。

下跌持续了两个多月的时间，股价在 17.00 元价位线附近止跌，之后便展开了一波较长时间的宽幅震荡行情，60 日均线也从向下运行转为走平运行。

2022 年 7 月底，该股再次跌破 60 日均线，由于此时场内没有足够的量能支撑股价向上拉升，该股在跌破 60 日均线后就始终受到该均线的压制继续下跌，60 日均线也从走平的趋势中再次拐头向下，新的一轮下跌开启了。

最终，该股在 10 月底创出 13.93 元的阶段低价后止跌，并在之后走出连续收阳上涨的走势。股价从最高的 35.00 元下跌到此时的 13.93 元，跌幅超过 60%。

如此长时间的大幅下跌之后，该股止跌连续收阳上涨，是否就意味着股价见底，行情要逆转了呢？

此时再来结合 60 日均线分析这波止跌拉升行情。

图 3-18 为湖北宜化 2022 年 9 月至 12 月的 K 线走势。

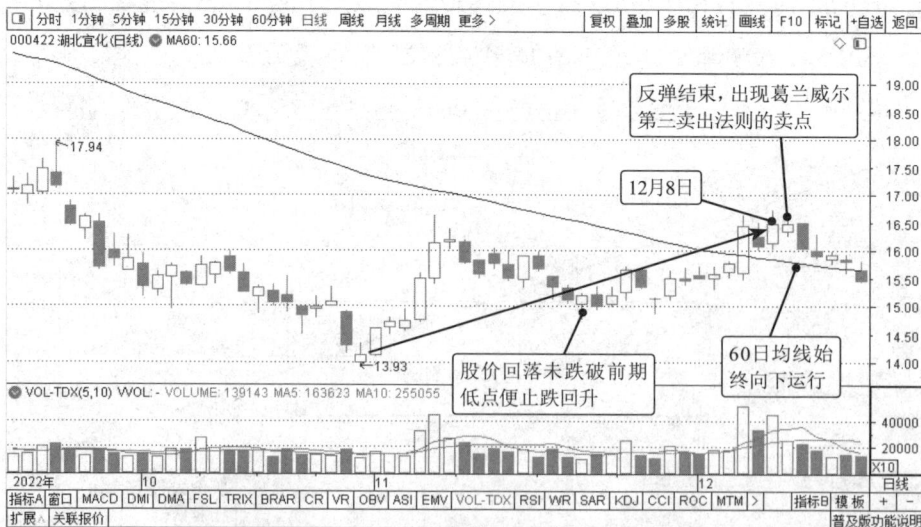

图 3-18　湖北宜化 2022 年 9 月至 12 月的 K 线走势

从图 3-18 中可以看到，该股在连续收出几根阳线拉升股价后便在 16.00 元价位线附近受到向下运行的 60 日均线的压制回落。但是股价回落并未跌破 10 月底的止跌低位，而是继续向上突破 60 日均线。

对于很多人而言，在观察到股价经历大幅下跌之后，出现拉升行情，并且股价上涨受阻回落，却未跌破前期止跌低位，反而继续拉升并突破 60 日均线，这种走势通常都会被认为是行情已经逆转了。

但是他们却忽略了一个非常重要的点，即此时的 60 日均线仍然保持良好的向下运行趋势，这说明在一个中期时间内，市场是看跌的。因此，此时抄底是非常危险的。

事实上，这波行情在股价小幅突破向下运行的 60 日均线后于 12 月 8 日创出 16.76 元的高价便止涨回落，这是典型的葛兰威尔第三卖出法则的卖点。因此，前期盲目抄底追进的投资者此时要及时清仓出局。

下面再来看该股的后市走势，如图 3-19 所示。

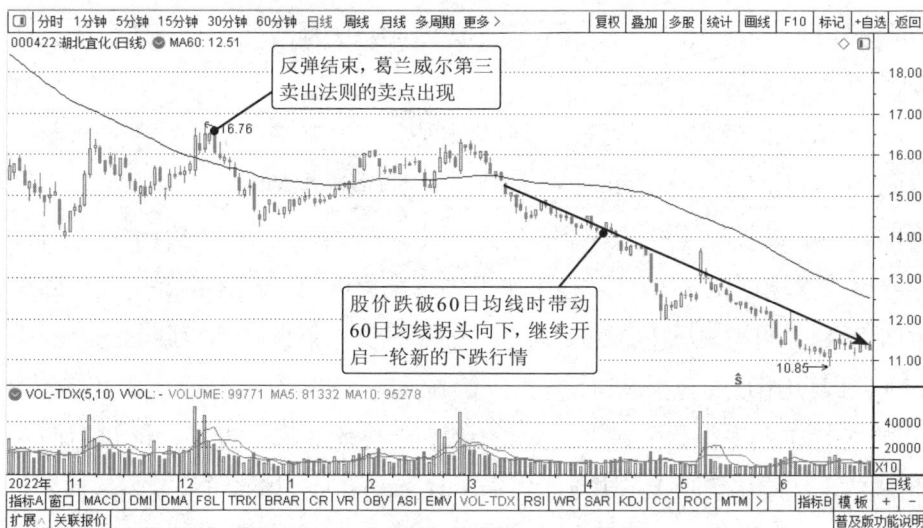

图 3-19　湖北宜化 2022 年 10 月至 2023 年 6 月的 K 线走势

从图 3-19 中可以看到，尽管该股后市呈现出一波反弹行情，使 60 日均线出现走平趋势，但是股价在 16.00 元价位线再次受到比较明显的压制，最终在 2023 年 3 月初跌破 60 日均线运行到其下方，带动 60 日均线拐头向下，继续开启了新一轮的下跌行情。

由此更加说明了在下跌行情中，即使股价前期经历了较长时间的大幅下跌后运行到股价的相对低价位区，此时股价在反弹越过 60 日均线后，一定要分析 60 日均线的走向，只要其向下运行的趋势没有改变，后市大概率都会继续下跌，投资者不要盲目抄底。

对于散户而言，一定要等到行情的逆转趋势明朗后再买进，才是比较安全的。

3.3.4 第四卖出法则应用：偏离过大回落

葛兰威尔第四卖出法则的技术含义是股价上涨偏离过大，阶段见顶回落，基本技术特征如下：

①出现在上涨途中比较多，有时也会出现在上涨末期。

②60 日均线保持向上运行。

③股价在 60 日均线上方暴涨并远离。

相对于其他三个卖点，葛兰威尔第四卖点的风险性要小一些，毕竟此时行情正处于上涨之中。

这种股价大幅偏离均线后的回落走势是上升趋势中的一种中期调整，只要 60 日均线保持良好的上行趋势，该股后市再次拉涨的概率比较大。因此，中长期投资者可以不着急在葛兰威尔第四卖出法则的卖点位置出货。

但是短期投资者毕竟是在上涨途中追涨介入的，在无法确定股价回调的幅度和时间的情况下，为了规避可能的损失，最好在葛兰威尔第四卖出法则的卖点出现后可能及时清仓出局。

尤其在上涨行情的末期，股价偏离 60 日均线创出近期最高点后回落形成的葛兰威尔第四卖点更具卖出指示意义，因为行情有可能就此见顶步入下跌，尤其在股价跌破走平的 60 日均线后，行情逆转的概率就更大。所以，谨慎型中长期投资者也可以提前抛售部分筹码，以锁定前期的涨幅收益。

下面来看一个具体的实例。

实例分析 北方国际（000065）股价快速上涨偏离 60 日均线卖出分析

图 3-20 为北方国际 2022 年 12 月至 2023 年 3 月的 K 线走势。

从图 3-20 中可以看到，该股在 2022 年 12 月下旬创出 7.99 元的底部价格后企稳回升，60 日均线也呈现出走平趋势。

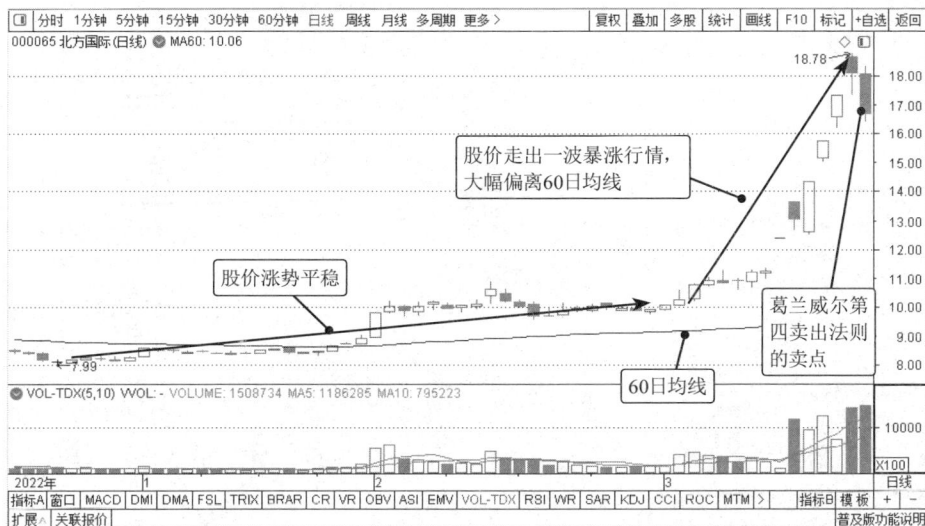

图 3-20 北方国际 2022 年 12 月至 2023 年 3 月的 K 线走势

股价缓慢拉升，最终于 2023 年 2 月初向上突破 60 日均线。随着股价的继续上涨，60 日均线也拐头向上运行，行情反转的趋势已经明朗。

股价在上涨到 10.00 元价位线后经历了近一个月的窄幅横向整理，始终围绕该价位线波动。随着横向整理的持续进行，成交量出现了明显的缩小，说明这是主力主动清理浮筹的手段，目的是减轻后市的拉升压力。

进入 3 月后，股价脱离 10.00 元价位线向上运行，并在 3 月中旬后多次走出涨停 K 线，短时间内就从 10.00 元价位线附近拉升到 18.78 元的高价，涨幅近 88%。在此期间，60 日均线的上行速度赶不上股价暴涨的速度，使得股价大幅偏离了 60 日均线。

股价在创出 18.78 元的次日便继续收阴下跌，形成一个典型的葛兰威尔第四卖出法则的卖点。

对于短期投资者来说，在有近 88% 的涨幅收益，股价也出现回落走势的情况下，最好清仓出局，锁定利润。中长期投资者则可以根据自己的操作策略进行减仓，也可以保持仓位不变，毕竟此时的 60 日均线仍然保持向上运行，行情中期看涨。

下面接着来看后面的走势，如图 3-21 所示。

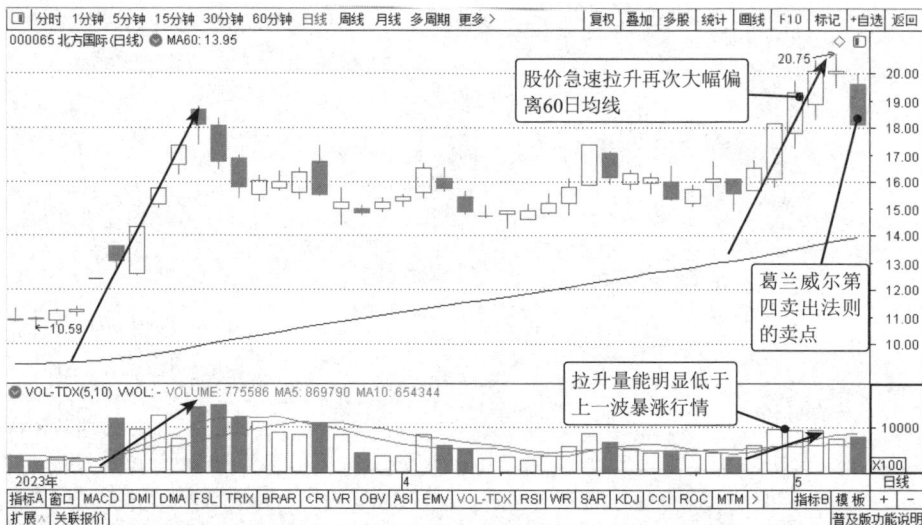

图 3-21　北方国际 2023 年 3 月至 5 月的 K 线走势

从图 3-21 中可以看到，该股在暴涨后于 19.00 元价位线下方受阻回落，之后出现一个多月的横盘整理，低点受到 15.00 元价位线的支撑，高点受到 17.00 元价位线的压制。

4 月底，成交量温和放量，股价再次上涨，虽然涨势不及前期，但是短短四个交易日的时间便从 16.00 元价位线附近拉升到 5 月 8 日的 20.75 元的新高，涨幅约有 30%，再次以较大幅度偏离了 60 日均线。

该股在创出 20.75 元新高的当日收出一根近似的十字星线，说明多方的进攻已受到遏制，场内多空双方的力量正在发生微妙的变化。而且此时的股价相较于最初的 7.99 元已经有了约 160% 的涨幅，此时再次出现葛兰威尔第四卖出法则的卖点，即便 60 日均线仍然向上运行，投资者也要警惕行情见顶风险。

尤其在次日，该股低开后一路震荡下行，并在尾盘打到跌停板后封板直至收盘，当日收出一根跌停大阴线，增强了行情见顶的预示信号，中长期投资者此时也可以根据自己的炒股策略分批减仓了。

图 3-22 为北方国际 2023 年 5 月至 2024 年 1 月的 K 线走势。

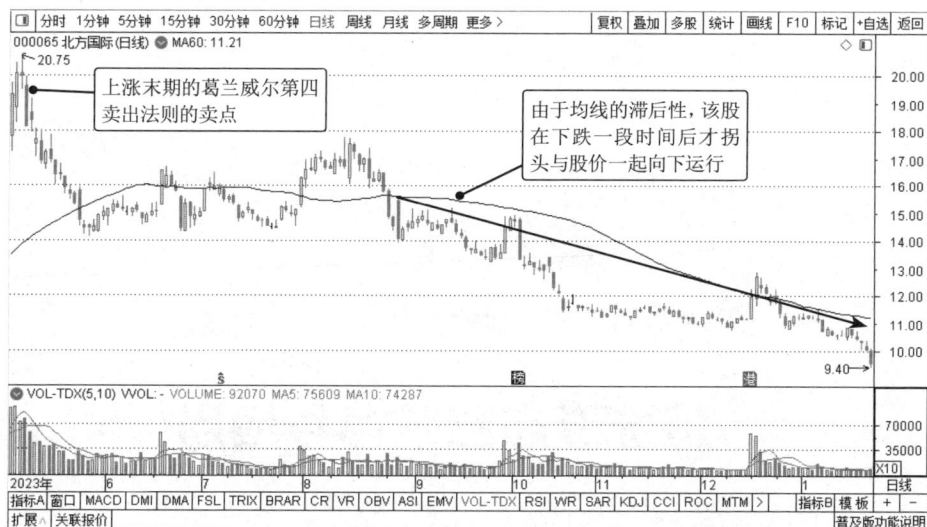

图 3-22 北方国际 2023 年 5 月至 2024 年 1 月的 K 线走势

从图 3-22 中可以看到，该股在创出 20.75 元的价格后快速回落跌破 60 日均线，之后大部分时间受到其压制，其间虽有小幅突破，但最终在 8 月下旬再次跌破 60 日均线后带动其拐头向下运行。

第 4 章

特殊形态涨跌信号应用

　　投资者在综合使用多条均线时，除了从多头排列、空头排列、均线黏合、均线发散这些基本形态来预测股价走势外，还能根据均线在运行过程中形成的一些特殊看涨看跌形态分析。这些形态可能是由均线本身形成，如银山谷、死亡谷形态；也可能是均线与K线结合形成，如蛟龙出海、断头铡刀等形态。通过对这些特殊形态的识别，投资者可以快速分析出股价的涨跌信号。

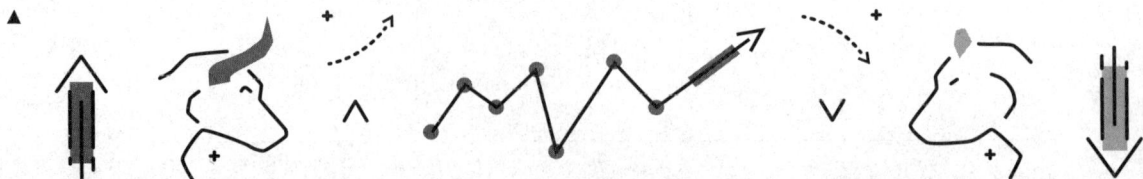

4.1　看涨均线形态应用

看涨均线形态，顾名思义就是能够预示股价上涨的均线形态，如银山谷、金山谷、逐浪上升、蛟龙出海、鱼跃龙门等形态。下面具体介绍这几种常见看涨均线形态的实战应用。

4.1.1　银山谷形态

银山谷形态是指由三条均线交叉形成的一个尖头向上的不规则三角形，且三个交叉中至少要有两个是黄金交叉，如图 4-1 所示。

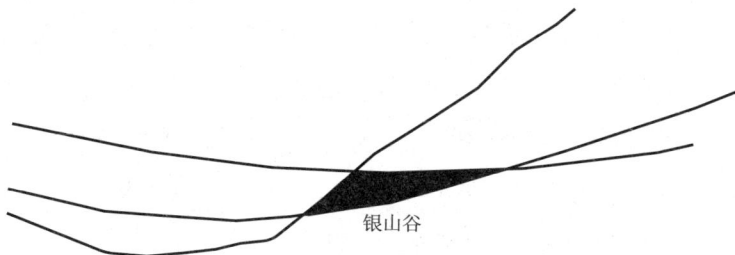

银山谷

图 4-1　银山谷示意图

需要特别说明的是，银山谷形态中三条均线的时间周期并没有特别的规定，投资者可根据自己的使用习惯和操作策略选取合适的均线。

选取均线的时间周期不同，银山谷发出的看涨信号强弱也不同。一般而言，均线时间周期越长，银山谷发出的看涨信号越可靠，但也越滞后，且获利机会大为减少。

通常来说，在长期下降趋势中的中期反弹初期、中长期上升趋势初期及长期上升趋势的中期调整末期这三个位置都比较容易出现银山谷。无论在哪个位置出现，其发出的都是见底信号，后市看涨，投资者可以买入。

如果选用的三条均线的时间周期比较短，如 5 日均线、10 日均线、20 日均线，那么它们在长期下降趋势中的反弹初期都比较容易形成银山谷。这种银山谷可视为一个短期的买入信号，投资者应在买入后短期持有，一旦反弹结束就要卖出。

在中长期上升初期或上升途中出现的银山谷，其发出的买入信号可视为中长期买入信号，因为此时行情已经逆转向上了，投资者可以中长期持有。

那么在实战应用中，选用较短均线周期的投资者如何确定银山谷出现后的上涨是反弹、行情逆转，还是回调止跌位呢？

投资者可以通过添加一条60日均线来进行判断，具体如下：

①如果60日均线保持下行，银山各处的上涨很可能是一段反弹，建议稳健型的投资者持仓观望。若激进型的投资者要抢反弹买入，则要控制好仓位，最好只是轻仓参与。

②如果60日均线走平并有向上运行的趋势，或者已经拐头向上，均线形成的银山谷形态往往意味着股价可能正在步入中长期上升趋势初期。不过此时的银山谷大多是在60日均线下方形成的，稳健型的投资者可以再等待一段时间，待股价上穿60日均线形成葛兰威尔第一买入法则的买点后，二者信号共振，此时再介入安全性更高。

③如果60日均线始终保持向上的走势，均线形成的银山谷形态就预示着回调结束，其发出的买入信号更加可靠，场外投资人可以适当追涨买进。

此外，在银山谷形成过程中，若同期的成交量呈现逐渐放大形态，说明多方在此过程中持续注资，股价后续的上涨潜力会更大。

下面来看一个具体的实例。

实例分析 **特发信息（000070）不同位置的银山谷买入分析**

图4-2为特发信息2021年3月至11月的K线走势。

从图4-2中可以看到，在2021年3月之前，该股经历了一波大幅下跌，60日均线下行。

股价在4月初小幅跌破7.00元价位线后止跌反弹，60日均线也出现了走平趋势，并在随后拐头上行。但是由于此时市场中做多势能不足，股价反弹吃力，60日均线也上行缓慢，最终股价在9.00元价位线附近结束反弹快速下跌并跌破60日均线。

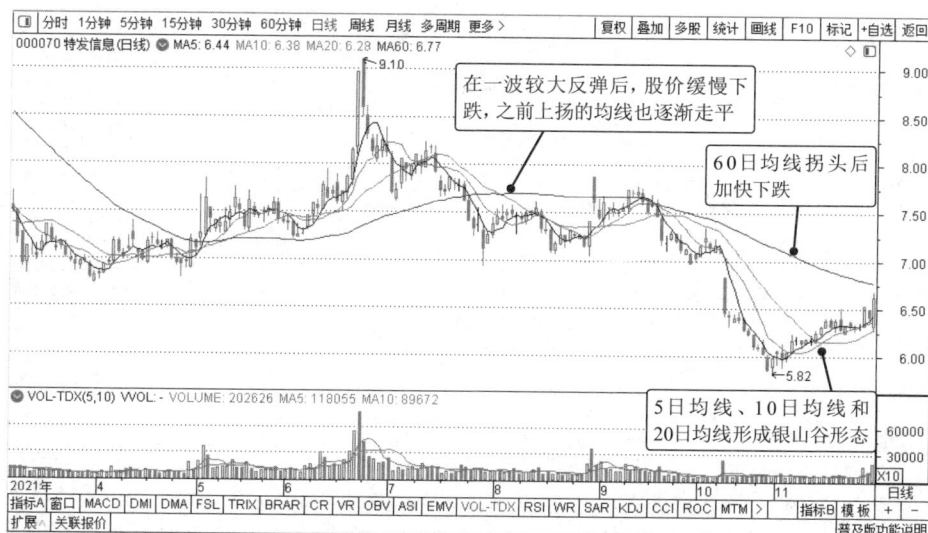

图 4-2　特发信息 2021 年 3 月至 11 月的 K 线走势

之后股价保持在一定的价格区间内横向波动，波动高点始终受到 60 日均线的压制，说明市场中仍然存在大量的套牢盘封住了股价的上涨空间，后市继续看跌。

从该股后市的走势也可以看出，在 10 月初，股价跌破了横向波动的支撑位后继续下跌，带动 60 日均线快速下降，下跌行情再次开启。

但是这波下跌在 5.82 元处就止跌了，并且随着后市不断的上涨，5 日均线、10 日均线拐头向上交叉后相继上穿 20 日均线，形成一个银山谷形态。

这是否说明行情见底了呢？此时要结合关键的 60 日均线的走势来分析。

从图 4-2 中可以看到，在银山谷形态出现时，60 日均线仍然保持下跌走势，说明市场中的抛压仍然比较大，以做空势力为主，而且此时对应的成交量非常小。无法支撑价格上冲。因此，银山谷发出的买入信号可靠性不强，此次大概率又是一波反弹，无法支撑价格上冲，稳健型的投资者最好不要参与。抢反弹的风险型投资者此时也要轻仓买入，并密切关注该股后续的走势。

下面来分析该股后市的走势，如图 4-3 所示。

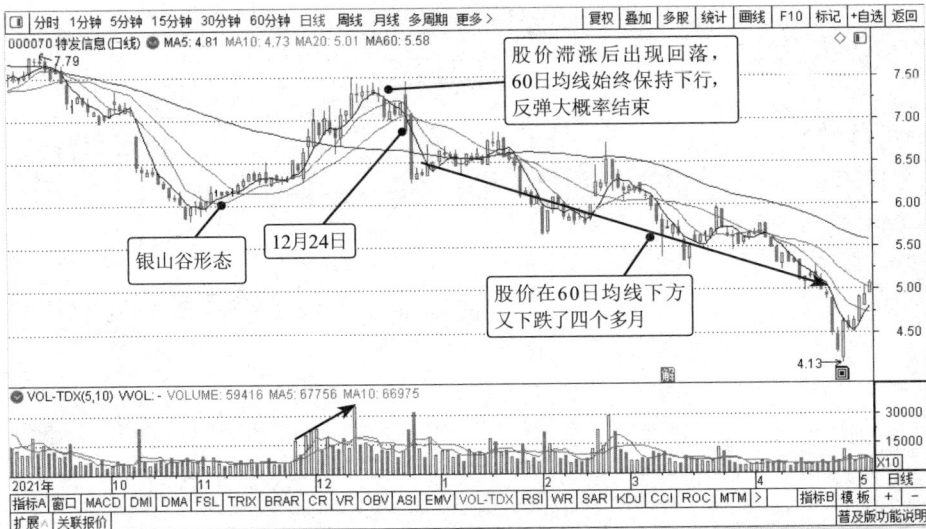

图 4-3　特发信息 2021 年 9 月至 2022 年 5 月的 K 线走势

从图 4-3 中可以看到，该股在银山谷形成之后一直上行，但是 K 线实体都相对较小，说明单日价格波动的幅度都比较小，表明市场多空双方实力相近，对后期个股走势的判断不太明朗。

11 月底，伴随着成交量的不断放大，股价上穿 60 日均线后运行到其上方，市场看起来向好。但是 60 日均线仍然延续之前的下行走势，而且股价在上涨到 7.50 元价位线后出现滞涨。综合判断可确定此时的上涨为下跌中的反弹，且大概率即将结束，前期抢反弹买进的投资者就要及时清仓出局。

最终，该股在 12 月 24 日以 4.58% 的跌幅收出一根大阴线，次日更是以 8.30% 的跌幅继续收阴，下穿 60 日均线，说明新一轮的下跌已经开启。后市该股又继续下跌了四个多月的时间，才在 4 月底创出 4.13 元的新低后止跌。

从整段走势来看，该股已经下跌很久了，那么再次止跌后是否会发生逆转呢？

从图 4-4 中可以看到，该股在创出 4.13 元的新低后止跌回升，成交量相对于前期有温和放大，但是持续的时间不长。在拉升过程中，5 日均线、10 日均线和 20 日均线形成银山谷形态，而且 60 日均线跌势明显减缓，行情有望见底。但是同时期的成交量没有持续放大的迹象，此时买进还是比较危险，毕竟上涨趋势还没有明朗。

图 4-4 为特发信息 2022 年 3 月至 6 月的 K 线走势。

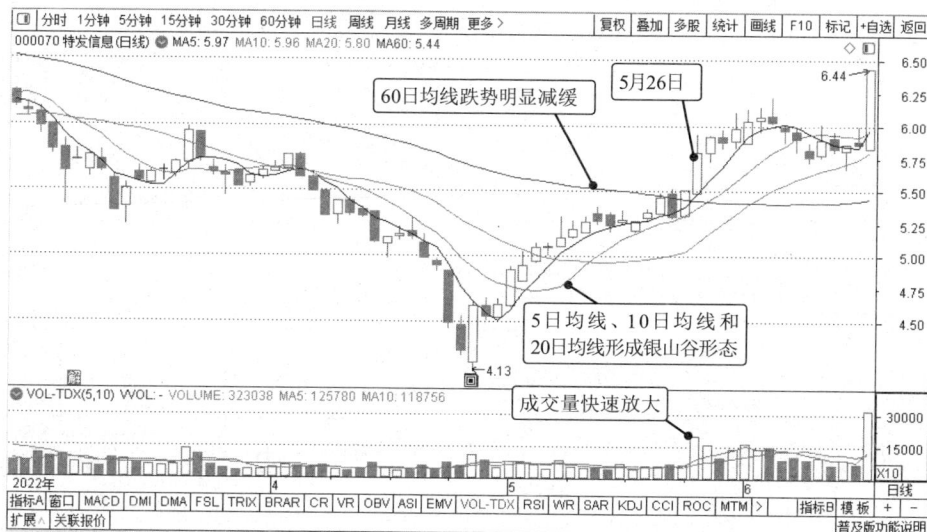

图 4-4　特发信息 2022 年 3 月至 6 月的 K 线走势

随着股价的进一步上涨，60 日均线也在 5 月底与之相交。5 月 26 日，该股以 5.08% 的涨幅收出大阳线，完全站在 60 日均线上方，当日的成交量更是放大到前日成交量的几倍。

此时股价放量越过走平的 60 日均线，且 60 日均线也有拐头向上的趋势，符合葛兰威尔第一买入法则技术要求，更加确定了前期银山谷形态发出的买入信号，即行情大概率逆转了。

图 4-5 为特发信息 2022 年 4 月至 2023 年 5 月的 K 线走势。

从图 4-5 中可以看到，该股在创出 4.13 元后行情逆转，之后 5 日均线、10 日均线和 20 日均线形成银山谷形态就属于上升行情初期的银山谷，该银山谷孕育了一波中长期的大幅上涨行情。

以上案例，主要对下跌行情中反弹位置和中长期上涨行情初期出现的银山谷形态进行了分析，其中，60 日均线的对行情预测起到了非常重要的指示作用。因此，投资者在实战中一定要重视 60 日均线的走势，这样才能提高分析和预测的准确性。

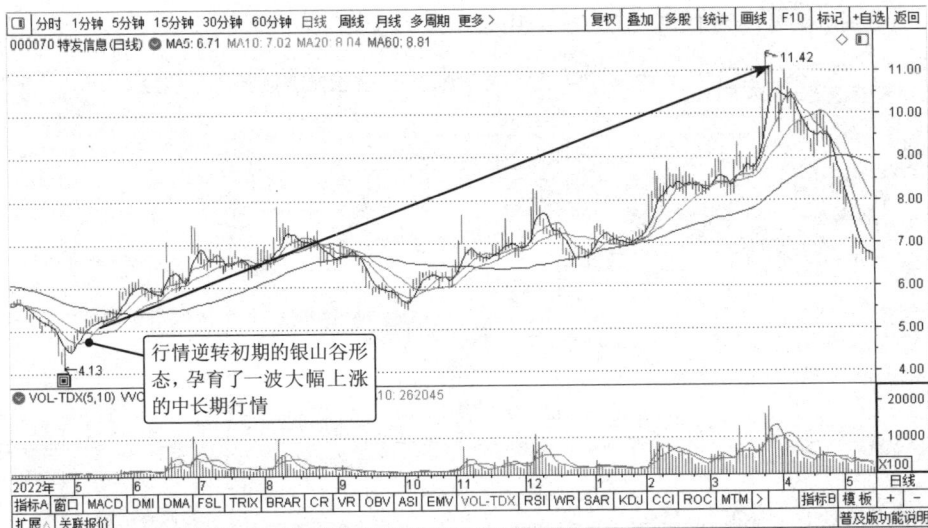

图 4-5　特发信息 2022 年 4 月至 2023 年 5 月的 K 线走势

4.1.2　金山谷形态

金山谷形态也是一个尖头向上的不规则三角形，构成方式和银山谷相同，只是出现的位置在银山谷之后。

这里的"之后"既可以是在与银山谷相近的水平位置，也可高于银山谷。一般来说，高于银山谷的金山谷在实战中比较常见，而且更具分析意义，如图 4-6 所示。

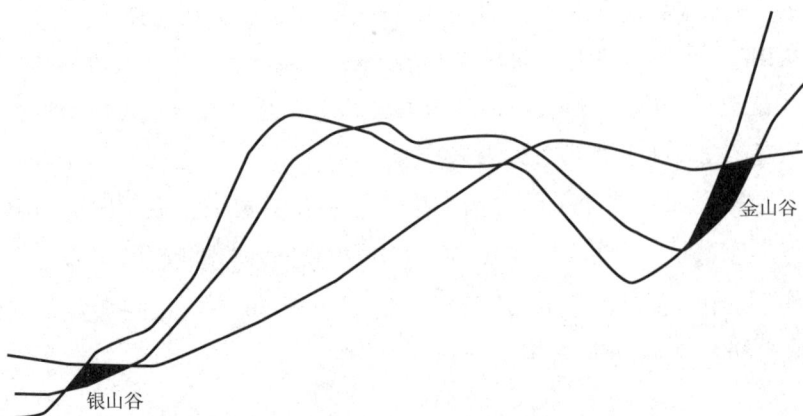

图 4-6　金山谷示意图

从图 4-6 中可以看到，投资者无法从均线交叉所形成的技术图形上分辨银山谷形态和金山形态，二者唯一的区分标准就是出现的先后顺序。第一次出现的尖头向上的不规则三角形是银山谷，之后形成的类似形态就都是金山谷。

金山谷与银山谷相隔的时间越长，相对于银山谷越高，股价后市上涨的潜力就越大。同样的，在金山谷出现的同时成交量不断放大，说明多方力量在持续增强，金山谷发出看涨的信号就会更加可靠。

需要说明的是，实战中的金山谷也可能略低于银山谷。这主要是由于上涨行情初期场内抛压较大，主力可能在清理浮筹的力度较大，使得股价回调的低位略低于前期，但是股价很快止跌回升，在拉升过程中形成的金山谷就可能比前期的银山谷略低。

下面来看一个具体的实例。

实例分析 广聚能源（000096）上涨途中金山谷买入分析

图 4-7 为广聚能源 2023 年 5 月至 9 月的 K 线走势。

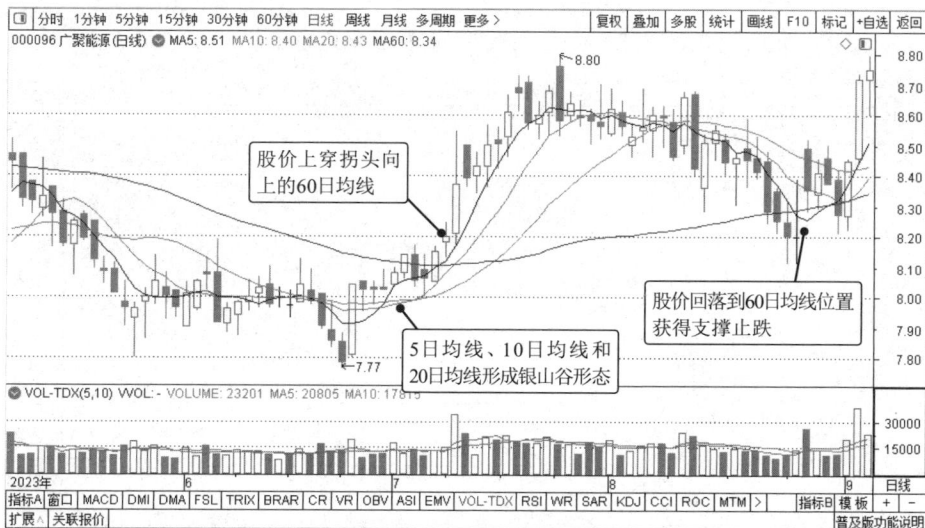

图 4-7　广聚能源 2023 年 5 月至 9 月的 K 线走势

从图 4-7 中可以看到，该股经过下跌后在 2023 年 5 月底运行到 8.00 元价位线附近止跌，之后在该价位线上横盘震荡近一个月，最终以 7.77 元的价格见底。

随着股价止跌回升，5 日均线和 10 日均线拐头向上，并且很快与逐渐拐头的 20 日均线交叉形成银山谷形态。由于此时的成交量并没有明显放大，且股价还处于 60 日均线下方，稳健型的投资者可以再持币观望一段时间。不过 60 日均线的跌势有减缓，且有拐头向上的迹象，因此，激进型的投资者可以轻仓买入抄底。

股价在 60 日均线上停留几个交易日后便向上拉升，次日更是放量拉升收出一根中阳线，且当日的成交量明显高出近期单日成交量。

稍后 60 日均线也拐头向上，多条均线向上发散形成多头排列。但是这种向好的积极走势并没有维持多久，股价在运行到 8.60 元价位线附近时出现滞涨，之后便逐步下跌。

在股价下跌的带动下，5 日均线、10 日均线和 20 日均线拐头向下黏合在一起后向下发散，而此时的 60 日均线仍然保持良好的向上运行趋势。最终股价下跌到 60 日均线上获得支撑止跌，说明回调结束，低点可视为一个买点。

下面放大股价止跌位置前后的走势来分析买点的可信度。

图 4-8 为广聚能源 2023 年 6 月至 9 月的 K 线走势。

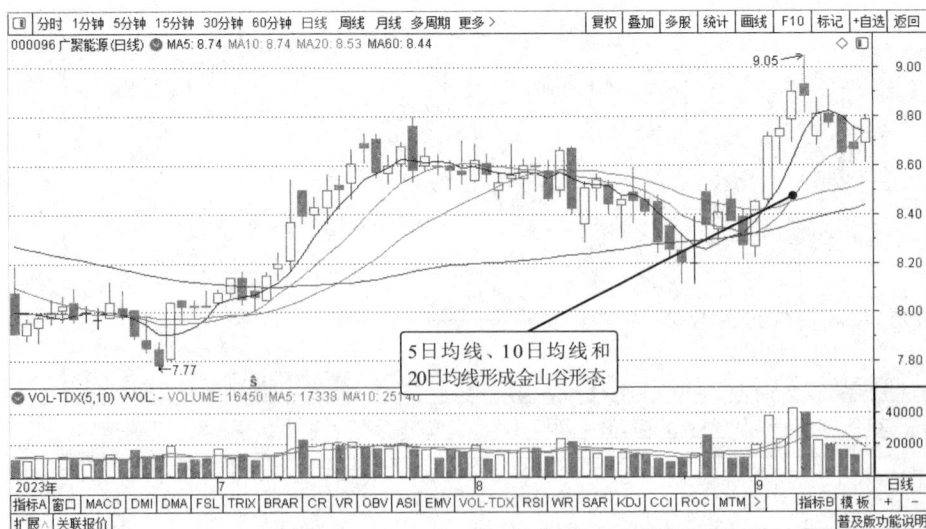

图 4-8　广聚能源 2023 年 6 月至 9 月的 K 线走势

从图 4-8 中可以看到，随着股价止跌回升，5 日均线上穿 10 日均线后继续上行突破拐头向上的 20 日均线，形成一个金山谷形态，金山谷形态的所处位置高于银山谷形态的位置，且形成时期的成交量也明显放大，更加增强了金山谷形态信号的可靠性。

综合多种技术判断，这是一个可靠的买点，投资者可以在此位置逢低吸纳，中长期持股。

下面来看该股后市的走势，如图 4-9 所示。

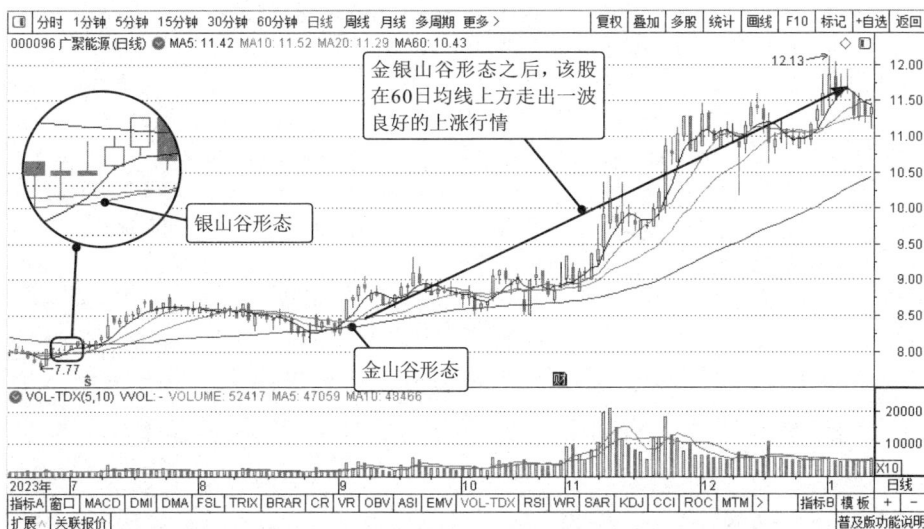

图 4-9　广聚能源 2023 年 6 月至 2024 年 1 月的 K 线走势

从图 4-9 中可以看到，该股在经过银山谷和金山谷这两个典型的看涨均线形态之后确定了未来趋势，在 60 日均线上方走出了一波良好的上涨行情。投资者即使在金山谷形态形成之后再介入，持股一段时间卖出，都会获得不错的收益。

4.1.3　逐浪上升形态

逐浪上升形态是由三条不同周期的均线组合而成的看涨均线形态，常出现在上涨趋势中，尤其是单边上涨趋势中，其基本特征如下：

①三条均线中，两条周期较短的均线多次出现交叉。

②三条均线中，周期最长的均线在最下方以斜线状托着另外两条均线往上攀升。

③在攀升过程中，均线犹如波浪一样一浪一浪往上攀升，浪形十分清晰。

图 4-10 为逐浪上升形态的示意图。

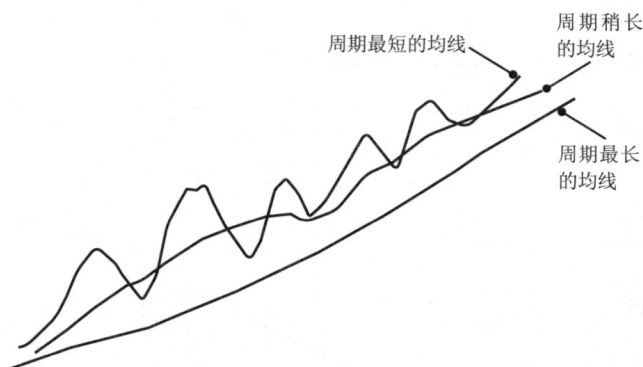

图 4-10　逐浪上升形态示意图

在逐浪上升形态中，三条均线的周期没有特别的规定，投资者可以根据自己的使用习惯和投资周期选择。例如，短期投资者可以选择 5 日均线、10 日均线、20 日均线或者 30 日均线这种均线组合，中期投资者可以选择10 日均线、20 日均线或者 30 日均线、60 日均线这种均线组合。当然，这里给出的均线周期组合仅做参考，并非使用标准。

此外，负责构筑浪形的均线周期越短，其走势则越接近股价，逐浪上升形态的浪形也越清晰。

在上升趋势中，均线走出逐浪上升形态表示场内整体向好，市场中多方占据着主动地位，股价只有小幅回落，大多数时候都在最长周期的均线上方或刚接触到最长周期的均线便止跌。因此，在逐浪上升形态中，投资者可以依据葛兰威尔第二买入法则和第三法则来进行加仓，而且只要股价没有出现异常涨跌，投资者都可以持股。

需要注意的是，在上升趋势中，逐浪上升形态的浪形越有规律，发出的买入信号就越可靠。但是如果股价和两条较短周期的均线在呈波浪式向上推进时跌破了下方最长周期的均线，就需要引起投资者警惕。若在跌破后的数天内成交量仍无力推涨股价回到上方，投资者就要立即抛空离场，避免行情反转被套。

下面来看一个具体的实例。

实例分析　**东方盛虹（000301）逐浪上升形态买入分析**

图 4-11 为东方盛虹 2020 年 1 月至 10 月的 K 线走势。

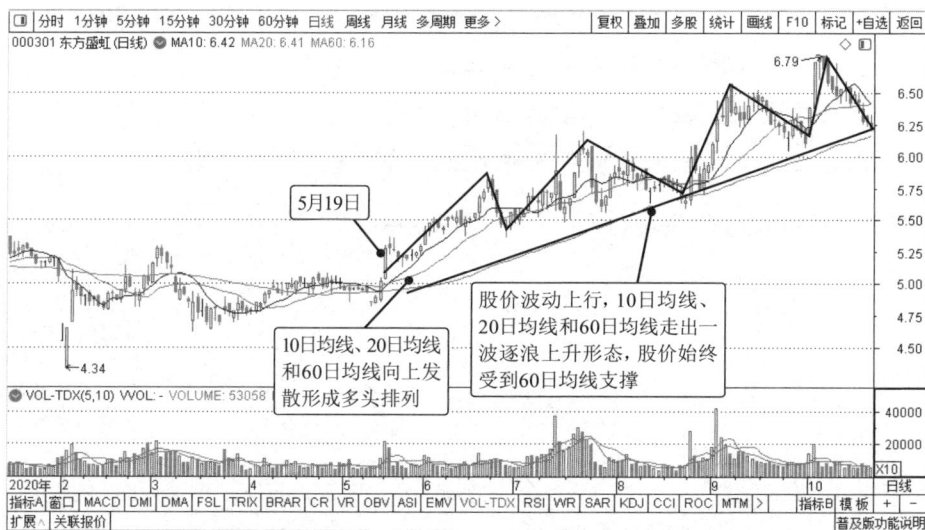

图 4-11　东方盛虹 2020 年 1 月至 10 月的 K 线走势

从图 4-11 中可以看到，该股在创出 4.34 元的新低后快速止跌拉升，但是在 3 月初短暂突破走平的 60 日均线后回落。不过可以明显看到，60 日均线已经有走平迹象，说明股价有望止跌回升。

股价在 3 月中旬回落到 4.70 元价位线附近止跌后缓慢拉升，10 日均线拐头向上穿过 20 日均线后继续上行。股价在上涨到 5.00 元价位线时受阻横盘，围绕 5.00 元价位线波动，10 日均线、20 日均线和 60 日均线缠绕在一起，说明多空双方势力均衡，后市走势不明。

5 月 19 日，该股放量拉升收出大阳线站在三条均线上方，说明在这波博弈中，多方最终占据主导，拉动股价上涨并带动三条均线向上发散形成多头排列，行情已经进入上涨。

股价在上涨越过 5.75 元价位线后出现了一波明显的回落，但是在 60 日均线上方便获得支撑止跌，说明 60 日均线对股价有较强的支撑作用；止跌位是一个比较可靠的葛兰威尔第二买入法则的买点，前期未买进的投资者此时可跟进。

从后续的走势来看，股价在拉升过程中不断波动向上，10 日均线也与 20 日均线多次交叉，但是始终受到向上运行的 60 日均线支撑，形成均线逐浪上升形态的雏形，激进型的投资者可以开始加仓了。

之后该股又走出了几个上升浪，10 日均线、20 日均线和 60 日均线构成的逐浪上升形态越发明显，每一个回落低点都是买点。

接着继续来看逐浪上升形态后期的走势。

图 4-12 为东方盛虹 2020 年 5 月至 2021 年 7 月的 K 线走势。

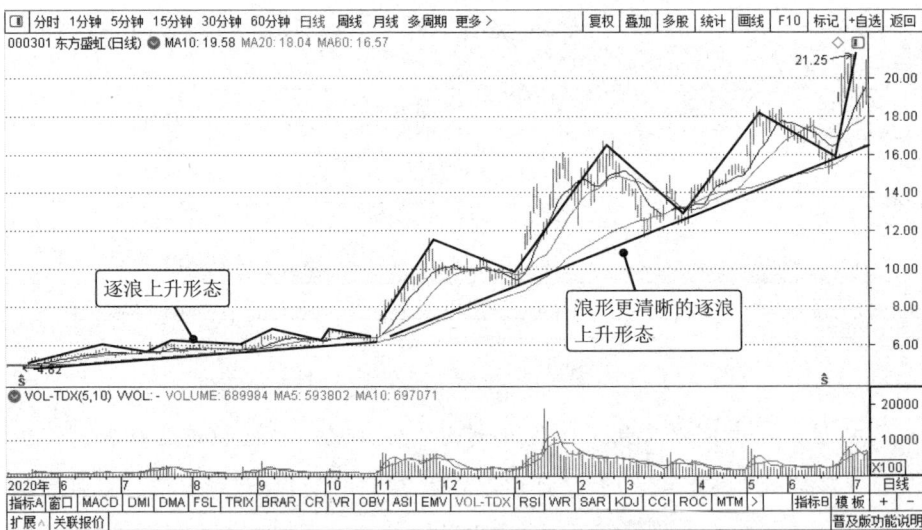

图 4-12　东方盛虹 2020 年 5 月至 2021 年 7 月的 K 线走势

从图 4-12 中可以看到，在 2021 年 10 月，该股回落后再次受到 60 日均线的支撑后止跌，随后成交量突然持续放大，拉动股价急速拉升，脱离了之前逐浪上升的浪形。

随后该股继续走出波动向上的震荡拉升行情，而且低点也落在 60 日均线上方或 60 日均线上，从整个走势来看，形成了一波浪形更加清晰的逐浪上升行情。

但是随着股价的逐浪上涨，该股的涨幅出现了翻倍，投资者在追进时一定要谨慎，越高的位置越要轻仓买进，短期持有，比如在浪形高点卖出，在浪形低点买入，进行波段操作。

图 4-13 为东方盛虹 2020 年 10 月至 2021 年 11 月的 K 线走势。

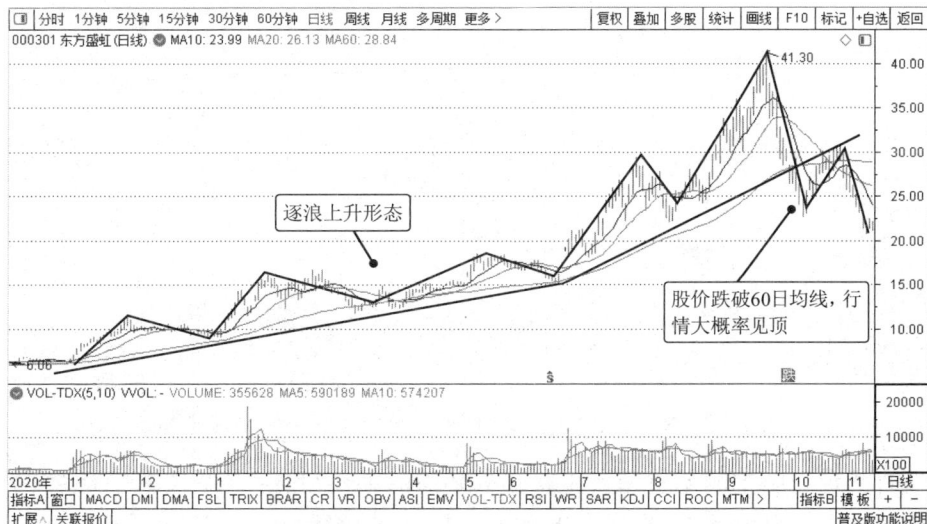

图 4-13　东方盛虹 2020 年 10 月至 2021 年 11 月的 K 线走势

从图 4-13 中可以看到，在 2021 年 6 月底之前，该股的逐浪上升形态还比较清晰、稳定，股价的每一次回落都是投资者买进的时机。

在 6 月之后，该股上涨的幅度增加，逐浪上升的浪形变得比之前的更陡峭，在 7 月下旬时已经接触到了 30.00 元价位线，相较于上涨初期的 5.00 元左右，涨幅已经超过 500%。

面对涨幅如此巨大的逐浪上升形态，投资者要警惕行情见顶风险，尤其在股价大幅偏离 60 日均线后回落时，稳健型的投资者都应该清仓卖出，激进型的投资者也要适当减仓，锁定前期收益。

该股在创出 41.30 元的新高后快速回落，但没有在 60 日均线上受到支撑，而是直接跌破 60 日均线，逐浪上升形态被破坏。

之后股价虽然快速在 25.00 元价位线附近被拉起，但是又在 30.00 元价位线受阻，60 日均线也走平。加上前期股价对 60 日均线的跌破，行情大概率已经发生逆转，投资者在股价 30.00 元价位线附近受阻时就应该抛售出局。

下面来看该股逐浪上升形态被破坏后的走势，如图 4-14 所示。

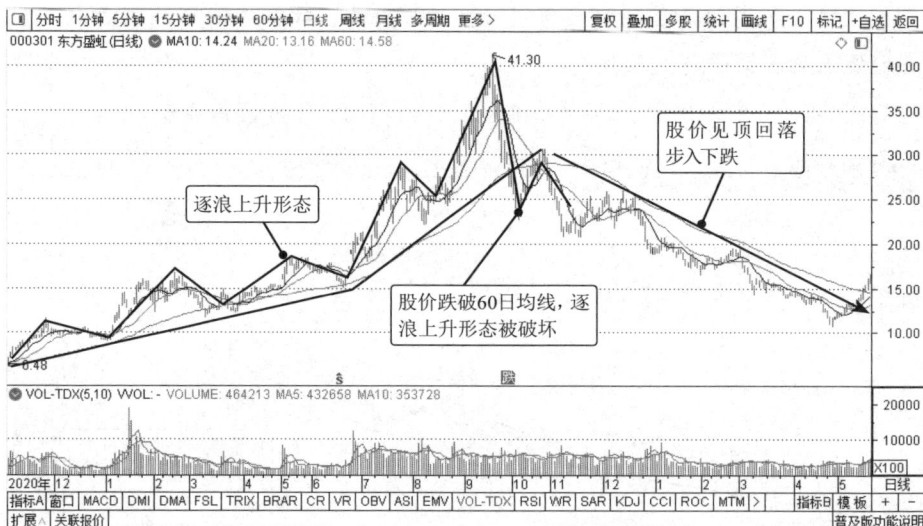

图 4-14　东方盛虹 2020 年 11 月至 2022 年 5 月的 K 线走势

从图 4-14 中可以看到，该股在破坏逐浪上升形态之后，在向下运行的 60 日均线压制下走出了一波大幅下跌行情。如果在逐浪上升形态被破坏当时投资者没有及时卖出持股，随着股价的不断下跌，投资者的损失会越大。

从上述这个案例可知，在利用逐浪上升形态加仓买入时，投资者一定要注意股价的涨幅位置。如果是在股价大幅上涨的高位出现逐浪上升形态，尤其上涨浪出现急速拉升偏离长期均线的走势后，行情可能离见顶就不远了，投资者要做好撤离的准备。

前面介绍的三种均线看涨形态都是由均线本身构成的，下面再来介绍两种由均线和 K 线共同构成的看涨形态。

4.1.4　蛟龙出海形态

蛟龙出海形态又称一阳破多线形态，具体技术特征如下：

①各周期均线逐渐收敛甚至黏合。

②一根中阳线或大阳线拔地而起向上突破各周期均线，且当日的收盘

价在各条均线之上。

图 4-15 为蛟龙出海形态的示意图。

图 4-15 蛟龙出海形态示意图

通常情况下,蛟龙出海形态出现在长期下跌行情末期或低价位区间。

出现在长期下跌行情末期的蛟龙出海形态是行情反转的预示,如果当日 K 线是伴随成交量放量突破各周期均线的,则形态发出的看涨信号更强。

在低价位区出现的蛟龙出海形态有以下两种情况:

①一种情况是在下跌行情反弹的前夕,如果出现蛟龙出海形态,行情大概率会走出一波强势反弹,但如果 60 日均线长期处于向下运行的趋势,则股价一般反弹到 60 日均线就会受阻回落。

②另一种情况是在上涨途中的调整末期出现蛟龙出海形态,股价前期一般都处于 60 日均线上方那么蛟龙出海形态的看涨信号就会强于长期趋势的底部,投资者可以买进。

需要特别说明的是,蛟龙出海形态中涉及的多条均线的周期没有固定的,投资者在实战操作中可以自行选择均线组合。不过蛟龙出海形态突破的均线数目越多,突破的均线周期越长,上涨的概率就越大,上涨的时间和幅度也越可观。此外,蛟龙出海形态形态中阳线的实体越长,发出的买进信号也越可靠。

下面来看一个具体的实例。

实例分析 *ST 深天(000023)下跌行情中蛟龙出海形态买入分析

图 4-16 为 *ST 深天 2022 年 11 月至 2023 年 6 月的 K 线走势。

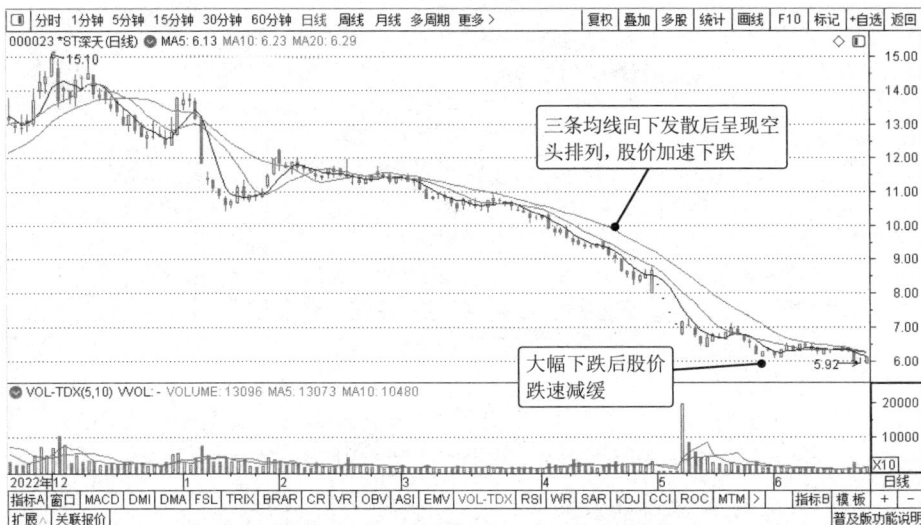

图 4-16　*ST 深天 2022 年 11 月至 2023 年 6 月的 K 线走势

从图 4-16 中可以看到，该股在 2022 年 12 月初创出 15.10 元的高价后拐头向下继续下跌。在这波下跌行情的初期，股价也出现过震荡，在 2023 年 2 月左右，5 日均线、10 日均线和 20 日均线还一度缠绕在一起，但是市场中的做空势能较强，使得均线在缠绕中也是整体向下的，最终在 3 月初向下发散，大部分时间都呈现出空头排列走势，加速了股价的下跌。

在经过长时间的下跌后，该股在 5 月跌破 7.00 元价位线后跌势减缓，并在 5 月底开始了窄幅的横向震荡，5 日均线、10 日均线和 20 日均线再次黏合在一起，股价也创出了 5.92 元的新低。

从 15.10 元的高位下跌到 5.92 元的位置，跌幅约 61%，此时的止跌横盘是否意味着行情见底呢？

下面放大该股止跌区间的走势，并加入 60 日均线来分析，如图 4-17 所示。

从图 4-17 中可以看到，该股在 6 月下旬创出 5.92 元新低后的次日开始收阳，并在 6 月 27 日涨停收出一根大阳线，从 5 日均线下方一路穿过 10 日均线和 20 日均线，构成了蛟龙出海形态，是比较积极的信号。

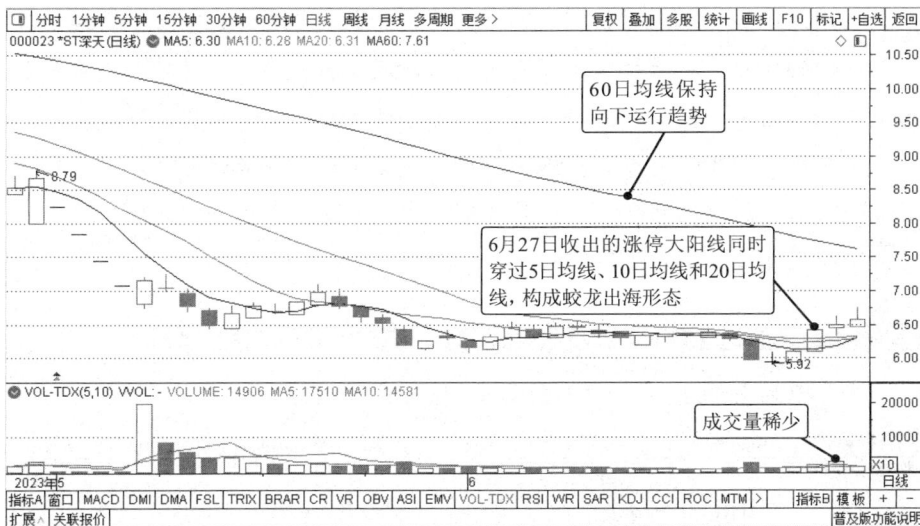

图 4-17　*ST 深天 2023 年 4 月至 6 月的 K 线走势

然而此时再来看 60 日均线的走向，可以发现，60 日均线仍然保持着向下运行趋势，说明该股仍然中线看跌，并且此时的成交量也非常稀少，蛟龙出海形态的看涨信号可靠度大大降低。激进型的投资者可以轻仓抢一波反弹，但是稳健型的投资者最好还应持币场外观望。

图 4-18 为 *ST 深天 2023 年 4 月至 2024 年 2 月的 K 线走势。

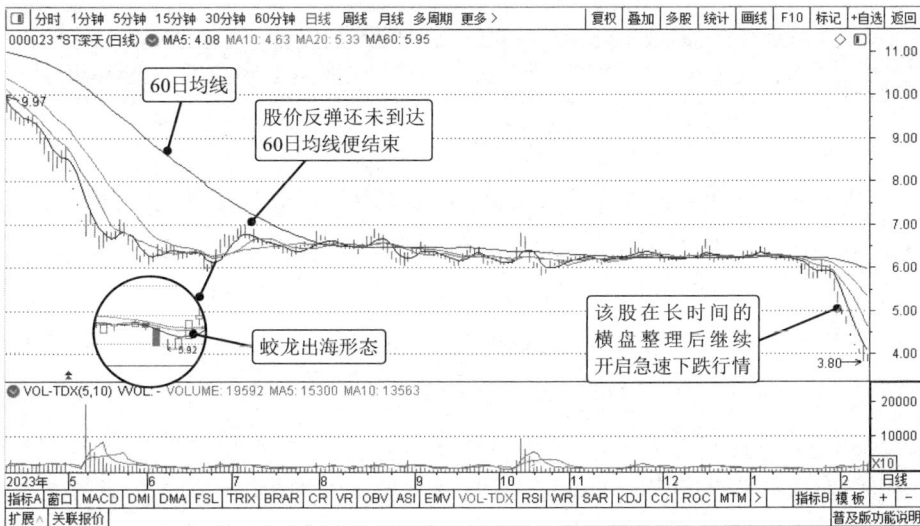

图 4-18　*ST 深天 2023 年 4 月至 2024 年 2 月的 K 线走势

从图 4-18 中可以看到，该股在低位走出蛟龙出海形态后，反弹不及 60 日均线便结束，之后快速回落进入到长时间的横盘震荡。这波整理最终在 2024 年 1 月结束，但是股价不是回升，而是跌破盘整低位后急速下跌。

如果投资者在蛟龙出海形态出现后就抄底买进，在长时间的横盘震荡中不仅降低了资金的利用率，还会在盘整结束后的快速下跌中扩大损失。

下面来看另一个具体的实例。

实例分析 飞亚达（000026）上涨行情中蛟龙出海形态买入分析

图 4-19 为飞亚达 2019 年 6 月至 11 月的 K 线走势。

图 4-19　飞亚达 2019 年 6 月至 11 月的 K 线走势

从图 4-19 中可以看到，7 月之前的 60 日均线表现说明个股前期经历了一波大幅下跌。股价在 6 月止跌后，60 日均线的跌速也减缓了，二者越靠越近。

8 月上旬，该股创出 6.74 元的新低后止跌回升，5 日均线拐头上穿 10 日均线和 20 日均线，60 日均线也出现走平迹象。

8 月 21 日，该股放量收出大阳线穿过走平的 60 日均线后一路上涨到 8.40 元价位线附近滞涨，随后虽然回落，但是在 60 日均线位置获得支撑止跌。

　　之后股价波动的范围越来越小，波动的高位始终受到 8.20 元价位线压制，低点始终受到 60 日均线的支撑。60 日均线也形成了明显的上升趋势，5 日均线、10 日均线和 20 日均线则缠绕在一起。

　　11 月 12 日，该股在微微低于 60 日均线的位置开盘后一路震荡上涨，在接近尾盘时一度冲上了涨停板一段时间，虽然最后涨停板打开，但最终还是以 8.47% 的涨幅收出大阳线，上穿了缠绕在一起的 5 日均线、10 日均线和 20 日均线，构成蛟龙出海形态。

　　由于此时的 60 日均线已经呈现明显的向上运行趋势，蛟龙出海形态的看涨信号相对可靠，投资者可逢低吸纳。

　　图 4-20 为飞亚达 2019 年 8 月至 12 月的 K 线走势。

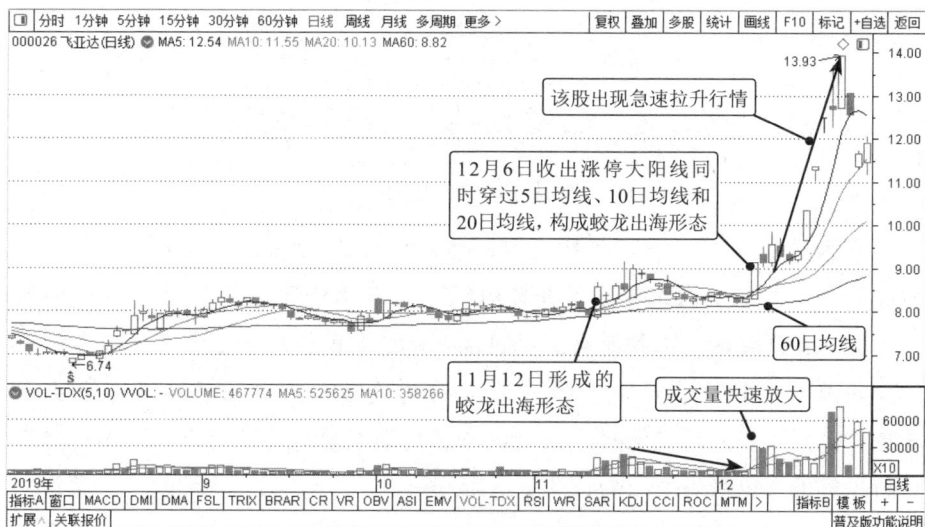

图 4-20　飞亚达 2019 年 8 月至 12 月的 K 线走势

　　从图 4-20 中可以看到，该股在 11 月 12 日形成蛟龙出海后短暂上涨，在 9.00 元受阻，下方的成交量也没有持续放大，说明这一波中期调整还未结束。

　　在股价回落过程中，虽然 5 日均线、10 日均线和 20 日均线再次缠绕在一起。但是 60 日均线仍然保持向上运行趋势，而且对股价形成支撑，证明此时的回落有可能是主力清理浮筹的手段，该股后市仍然看好。

　　12 月 6 日，该股以 8.31 元的价格高开后一路震荡拉升，并在 13:33 左右被一笔巨量成交量打到涨停板，如图 4-21 所示，虽然之后该股多次打开涨停板，但是很快又被重新拉回，当日最终以 10% 的涨幅收出大阳线。

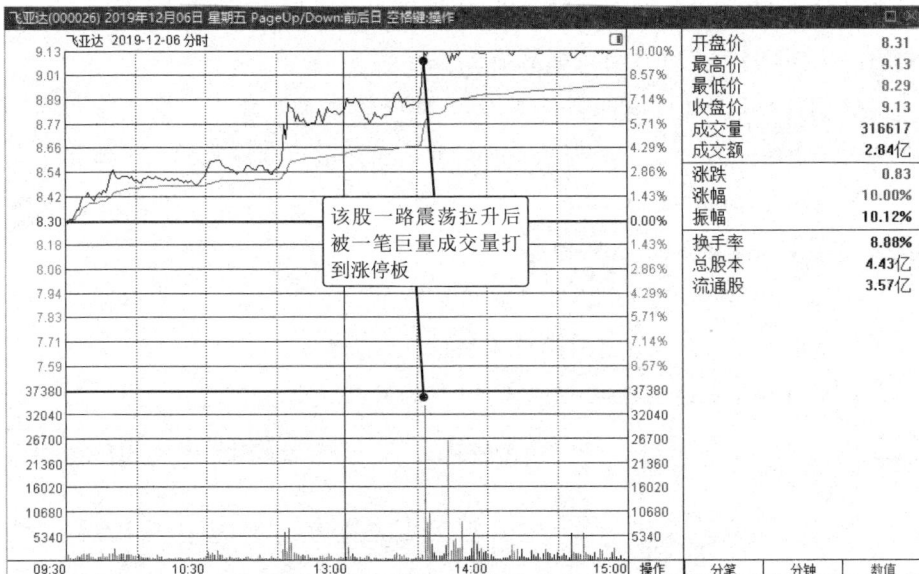

图 4-21　飞亚达 2019 年 12 月 6 日的分时图

再来观察图 4-21 中的 K 线走势，可以发现在 12 月 6 日当天，该股收出的涨停大阳线从下向上穿过了 5 日均线、10 日均线和 20 日均线，构成蛟龙出海形态，并突破了前期高点，说明这一波中期调整此时可能才真正结束。

而且此次成交量的放量幅度比之前的更大，60 日均线的走势也更加陡峭，说明了买入的可靠性。此时还未进场的投资者可及时介入，而已经进场的投资者可以根据自己的操作策略加仓。

从后市的走势来看，该股走出了一波急速拉升行情，短短 10 个交易日就从 9.00 元左右上涨到 13.93 的新高，涨幅约 55%。

不过股价在创出新高的次日就出现了回落，这时的股价已经大幅偏离了 60 日均线，根据葛兰威尔第四卖出法则，这里可以视为一个卖点，短期投资者可以逢高卖出，规避之后的回落调整。

从以上两个案例来看，在确定蛟龙出海形态的信号可靠性时，60 日均线的走向是非常关键的分析要素。它能够辅助判断当前的行情位置，进而为投资者提供不同的策略方案，在实战中不可忽视。

4.1.5　鱼跃龙门形态

鱼跃龙门形态也是由均线和 K 线构成的特殊均线看涨形态，通常出现在上升趋势初期或上升趋势中的调整末期。股价在经过充分蓄势之后，形成的鱼跃龙门形态可能会引发一段可观的上涨行情，因此是少数可以帮助投资者实现快速增收的技术形态之一。

鱼跃龙门形态的具体技术特征如下：

①K 线长期震荡或横向盘整，形成一条压力线。

②各周期均线逐渐收敛、黏合。

③K 线突然跳空收出一根中阳线或大阳线向上突破压力线。

④K 线跳空突破压力线后，各周期均线逐渐向上发散，并且比较容易形成多头排列。

其示意图如图 4-22 所示。

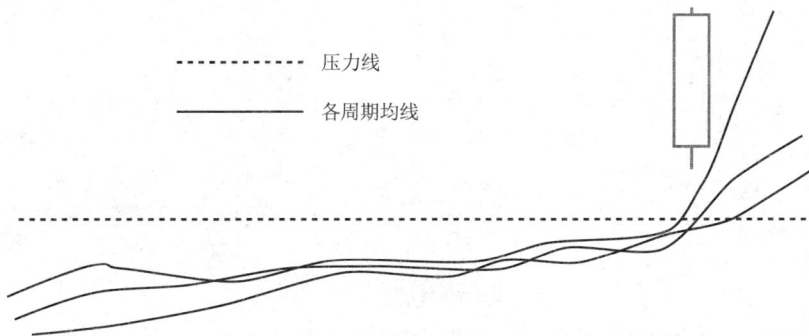

图 4-22　鱼跃龙门形态示意图

在鱼跃龙门形态中，以下两种情况都能增加形态信号的强度：

①中阳线或大阳线形成当日的成交量也同步增大。

②压力线之前对股价的压制作用越大，中阳线或大阳线突破后发出的看涨信号可靠性越强，后市上升的力度越大。

鱼跃龙门形态出现后，后市通常有两种走势：一种是展开一波直接拉升的走势；另一种是很快回踩。下面分别进行介绍。

1. 鱼跃龙门形成后直接拉升

鱼跃龙门形成后的直接拉升有两种情况，一种是急速暴涨，另一种是相对温和的拉升。这里以北方国际（000065）和安道麦 A（000553）两只股票为例讲解两种不同力度的拉升。

实例分析 鱼跃龙门形成后直接拉升分析

图 4-23 为北方国际 2021 年 1 月至 3 月的 K 线走势。

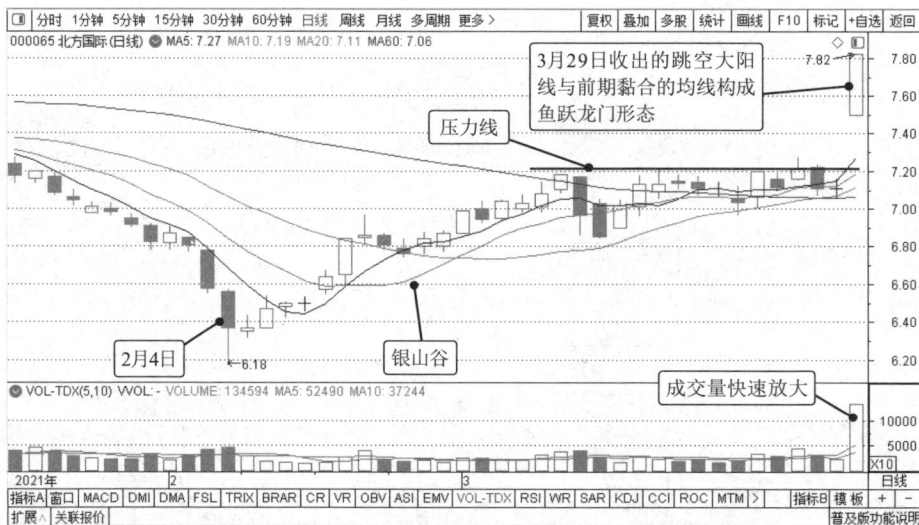

图 4-23　北方国际 2021 年 1 月至 3 月的 K 线走势

从图 4-23 中可以看到，该股在 2021 年 2 月 4 日创出 6.18 元的新低后企稳回升，5 日均线很快便拐头向上，先后上穿 10 日均线和 20 日均线，之后 10 日均线也拐头上穿 20 日均线形成银山谷形态。此时的银山谷是否标志着行情的逆转呢？结合 60 日均线可以发现，60 日均线虽然跌速减缓，但是仍然向下运行，因此，还不能过早判断行情是否逆转。

股价继续拉升到 7.20 元价位线附近时与 60 日均线相交，之后上涨受阻横向波动，高点始终受到 7.20 元价位线的压制。并且随着行情的横向整理，60 日均线也走平与 5 日均线、10 日均线和 20 日均线逐渐聚拢后黏合，后市走势不明朗，稳健型的投资者可以继续持币观望。

在持续近一个月的横盘整理后，3 月 29 日，该股跳空高开收出一根涨停大阳线，直接越过前期整理的高位（即图中标识的压力线）运行到所有均线上方，形成典型的鱼跃龙门形态，标志着行情大概率发生了逆转。而且当日成交量也快速放量，成为近期最大的成交量，无疑加强了鱼跃龙门信号的可信度。

下面来看 3 月 29 日当天的分时走势，如图 4-24 所示。

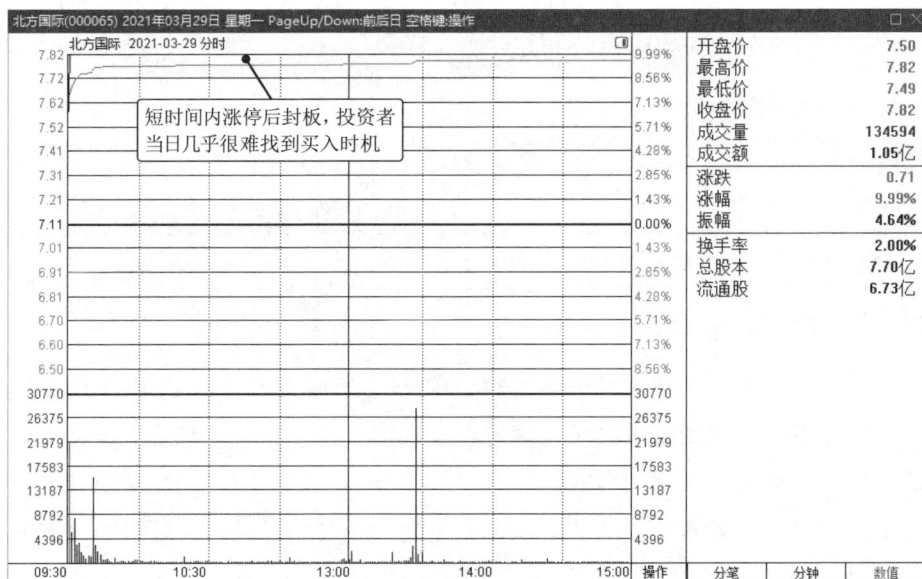

图 4-24 北方国际 2021 年 3 月 29 日的分时图

从图 4-24 中可以看到，该股当日以 7.50 元的价格大幅跳空高开后，在短时间内被打到涨停后封板，以 7.82 元的涨停价收盘。从整个分时走势来看，投资者在当日几乎很难找到机会买进。

下面来看后续的走势。

图 4-25 为北方国际 2021 年 2 月至 4 月的 K 线走势。

从图 4-25 中可以看到，该股在形成鱼跃龙门形态的次日收出一根一字涨停线，之后继续涨停，短短 5 个交易日就从 7.82 元上涨到 12.19 元的高位，涨幅约 56%，可谓十分惊人。

也正是由于这波拉升非常急速，投资者能够中途参与的机会不多，没有在前期银山谷处抄底的稳健型投资者，也大概率错失了这波暴涨行情。

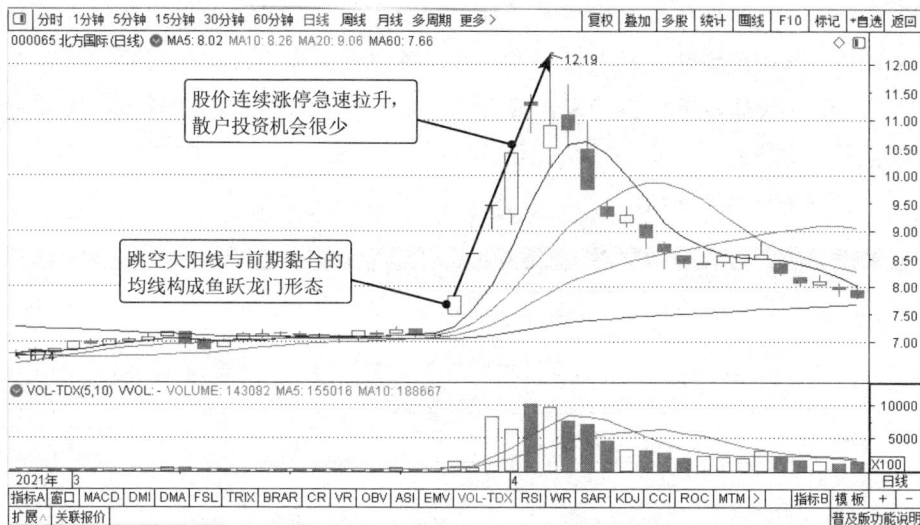

图 4-25　北方国际 2021 年 2 月至 4 月的 K 线走势

在 4 月初时，股价大幅偏离了 60 日均线，当股价在创出 12.19 元的高价后走势变弱时，投资者就要考虑减持或短期清仓了，因为这里是一个标准的葛兰威尔第四卖出法则的卖点。

这波暴涨行情来得快去得也快，在不到一个月的时间内，股价又跌回到了初始上涨时的价位附近。

北方国际中的鱼跃龙门形成后的涨停式拉升比较极端，散户能够抓住的机会不多。但实战中也有相对温和的拉升方式，下面来看安道麦 A 的鱼跃龙门拉升行情。

图 4-26 为安道麦 A 2021 年 10 月至 2022 年 4 月的 K 线走势。

从图 4-26 中可以看到，该股在 2021 年 11 月初下跌到 7.50 元价位线附近后止跌回升，5 日均线、10 日均线和 20 日均线很快拐头向上运行，60 日均线的跌势减缓。

12 月下旬，股价上穿 60 日均线并带劲其走平，行情是否逆转了呢？稳健型的投资者还需要继续等待，毕竟 60 日均线还未表现出明显的方向性。

该股上涨到 8.60 元价位线后便滞涨回落，这波震荡的幅度还是比较宽的。虽然在 2022 年 3 月中旬该股收出带长下影线的 K 线并创出 7.30 元的新低，但是很快便拉了回来，这可能是主力探底的一种手段。

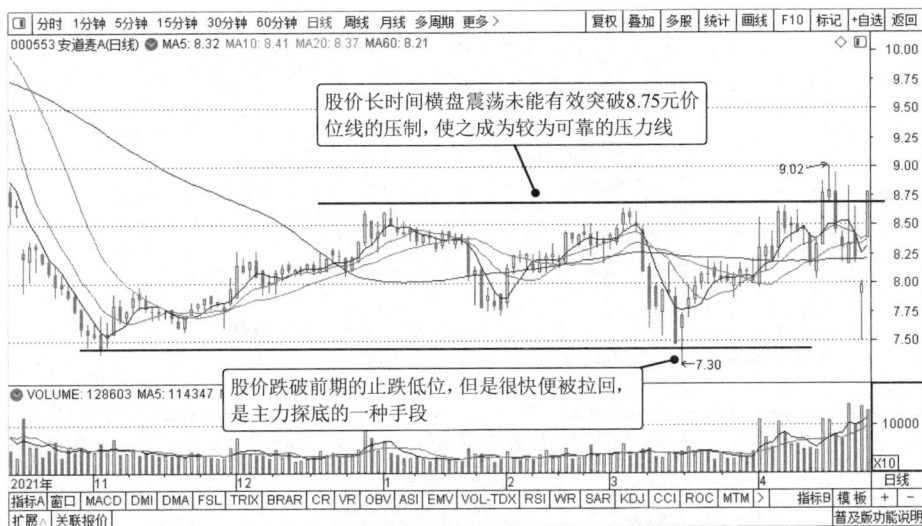

图 4-26　安道麦 A 2021 年 10 月至 2022 年 4 月的 K 线走势

在整个震荡期间，股价长期受到 8.60 元价位线的压制，使之成了股价上涨的一条有效阻力线，只有股价有效突破该价位线的压制，上涨才会开启。

在 4 月中下旬，该股小幅越过该阻力线，但是持续的时间只有两三个交易日，因此，并不是有效的突破。

观察这期间的均线走势，可以看到随着股价的不断震荡，5 日均线、10 日均线和 20 日均线相互缠绕上下波动，而 60 日均线整体微微向上，说明市场中的多空双方还在进行比较激烈的角逐。

下面来看该股后市的走势。

图 4-27 为安道麦 A2021 年 12 月至 2022 年 6 月的 K 线走势。

从图 4-27 中可以看到，4 月 29 日，该股跳空收出一根大阳线直接越过前期压力线，站到所有均线上方，形成典型的鱼跃龙门形态，发出市场看涨的信号。

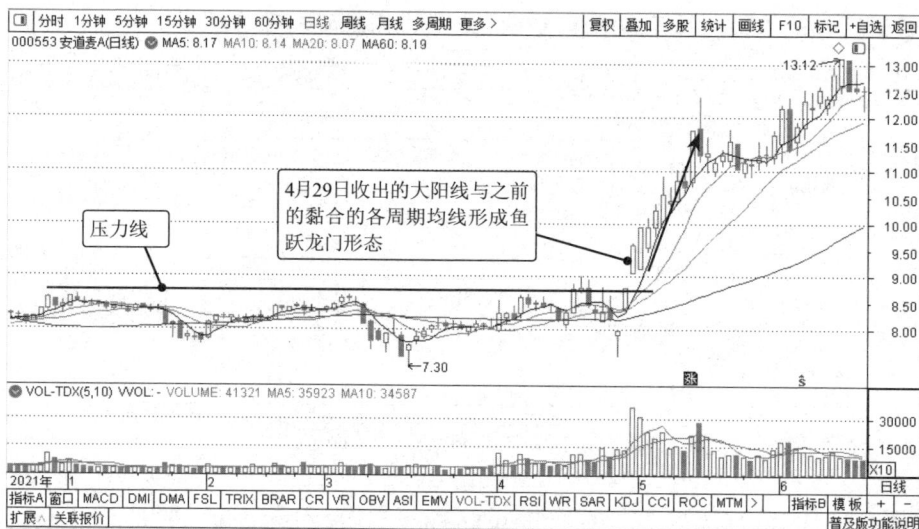

图 4-27　安道麦 A 2021 年 12 月至 2022 年 6 月的 K 线走势

下面来观察当日的分时走势，如图 4-28 所示。

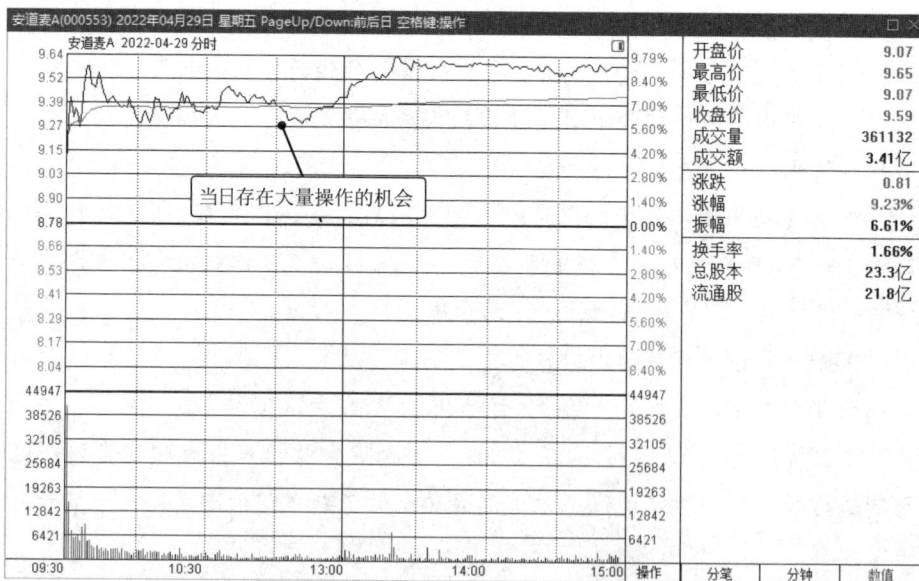

图 4-28　安道麦 A2022 年 4 月 29 日的分时图

从图 4-28 中可以看到，虽然该股当日以 9.07 元的价格高开，并最终以 9.23% 的涨幅收出一根大阳线，但是相对于北方国际鱼跃龙门形态中的涨停大阳线而言，还是存在很多操作机会的。

再看图 4-27 中鱼跃龙门形态形成后的走势，该股的拉升方式相对于北方国际的涨停拉升来说温和许多，散户中途买进的机会也更多。

2. 鱼跃龙门形成后很快回踩

鱼跃龙门形成后很快回踩也是比较常见的一种走势，这里需要注意的是，股价的回踩通常不破跳空缺口。

下面来看一个具体的实例。

实例分析 焦作万方（000612）鱼跃龙门形态后回踩不破买入分析

图 4-29 为焦作万方 2020 年 2 月至 7 月的 K 线走势。

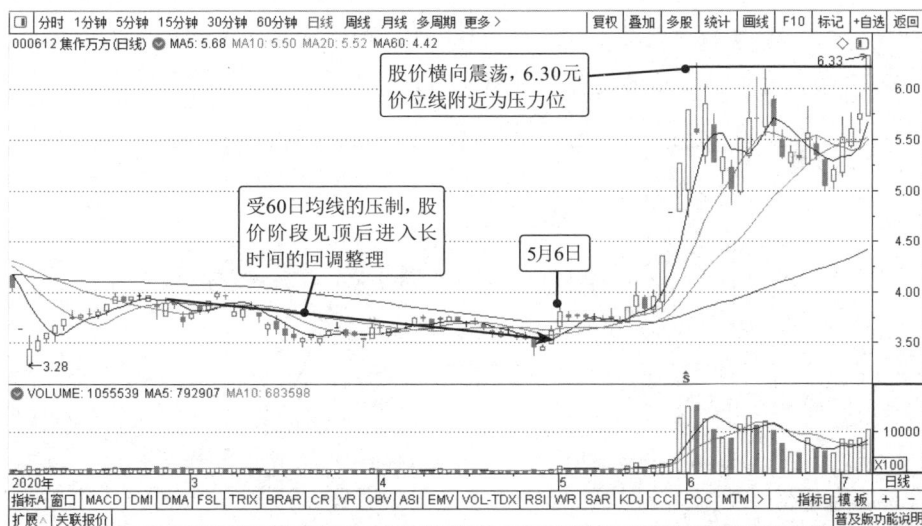

图 4-29 焦作万方 2020 年 2 月至 7 月的 K 线走势

从图 4-29 中可以看到，该股在 2 月初创出 3.28 元的新低后止跌，之后连续收出小阳线逐步拉高。

虽然 60 日均线的跌速明显平缓，但是由于均线的滞后特性，60 日均线还有向下运行的趋势。因此，股价在上涨到 4.00 元价位线后受 60 日均线压制阶段见顶。

之后，该股经历了一波持续时间比较长的回落调整，但是跌幅不大，低位基本都在 3.50 元价位线附近，说明市场在这个价位上存在一定的支撑力量。随着股价的回调，60 日均线走势越来越平缓，二者逐步聚拢。

5月6日，该股收出一根涨幅为 5.25% 的大阳线直接上穿 60 日均线，之后又短暂横盘了几个交易日，期间受到 60 日均线的支撑。

5月中下旬，该股走出一波急速拉升行情，所有均线向上形成多头排列，更加确定了行情已经逆转步入上升通道中。

但好景不长，在短暂的拉升行情后，股价在 6.30 元价位线附近受阻后进入横向整理阶段，震荡高位始终受到 6.30 元价位线的压制，但低点没有跌破 5.00 元价位线。

观察同时期的均线走势，可以发现该股第一次上涨到 6.30 元价位线附近滞涨回落后，5 日均线率先拐头与 10 日均线靠拢并黏合在一起。随着震荡的持续进行，20 日均线最终也和 5 日均线、10 日均线黏合在一起。

下面来看该股之后的走势，如图 4-30 所示。

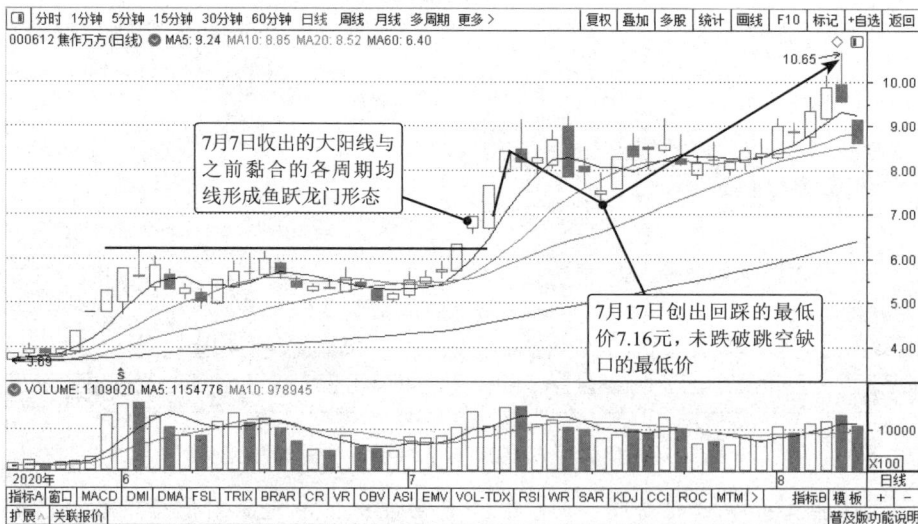

图 4-30　焦作万方 2020 年 5 月至 8 月的 K 线走势

从图 4-30 中可以看到，该股在 7 月 7 日以 6.70 元的价格跳空高开，全天走势都非常强劲，期间还多次涨停封板，最终以 9.95% 的涨幅收出一根大阳线。

从 K 线图来看，7 月 7 日的跳空大阳线与上个交易日的涨停大阳线形成一个跳空缺口，并且与之前黏合的各周期均线形成了典型的鱼跃龙门形态，说明调整结束，新一轮的上涨开启。

但是股价在连续涨停两日后出现疲软回踩，并在 7 月 17 日达到这波回踩的最低位——7.16 元，但是未跌破前期鱼跃龙门形态中的跳空缺口，说明市场支撑有效，此时就是投资者抓鱼跃龙门形态后续涨幅的好时机，投资者可逢低吸纳，及时买进。

之后该股依托 5 日均线在 20 日均线上方继续拉升，投资者在回踩位置买进，持股一段时间也会获得不错的收益。

4.2　看跌均线形态应用

与看涨均线形态对应的就是看跌均线形态，能够预示股价下跌，如死亡谷、逐浪下跌、断头铡刀等形态。下面具体介绍这几种常见看跌均线形态的实战应用。

4.2.1　死亡谷形态

死亡谷是与银山谷相对的一种技术形态，其构成要素与银山谷相同，只是方向和技术含义相反。

死亡谷形态是指由三条均线交叉形成的一个尖头向下的不规则三角形，且三个交叉中至少要有两个是死亡交叉，如图 4-31 所示。

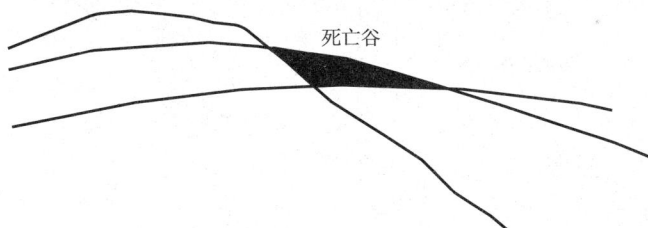

图 4-31　死亡谷示意图

与银山谷形态一样，死亡谷形态中三条均线的时间周期也没有特别的规定，投资者可根据自己的使用习惯和操作策略选取合适的均线。

死亡谷形态通常出现在下降趋势初期或下降趋势中的反弹末期，预示后市的下跌杀伤力很强，是一个比较强烈的卖出信号，投资者宜清仓出局。

死亡谷形态除了在下跌行情中出现，偶尔也会出现在上升趋势中的调整初期，说明该股将有一波力度比较大的回调，不仅短期投资者需要清仓出局，中长线投资者也要适时减仓或清仓。

除此之外，投资者在分析死亡谷形态时，还要注意以下的实战技巧：

①如果死亡谷形态的三条均线形成三次死亡交叉，则该形态的看跌信号助跌作用更强。

②短期均线组合死亡谷形态的信号会比中长期均线死亡谷形态的更及时，适用于不同持股周期的投资者。

③在死亡谷形态形成之后，如果均线没有持续下跌，而是横盘一段时间后再形成一个死亡谷形态，则说明市场支撑力量较弱，这是更加强烈的卖出信号，投资者要坚定清仓出局。

下面来看一个死亡谷形态的具体实战应用。

实例分析 中国宝安（000009）下跌行情初期的死亡谷形态卖出分析

图4-32为中国宝安2021年2月至8月的K线走势。

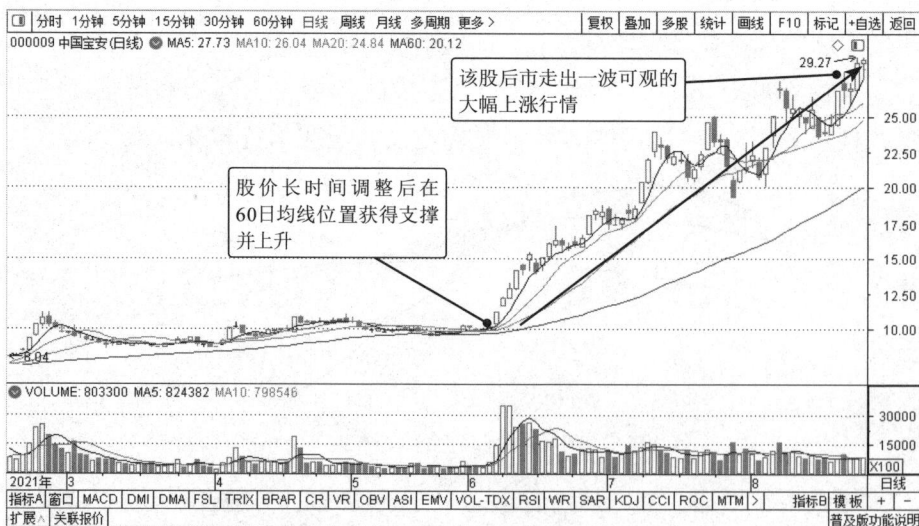

图4-32　中国宝安2021年2月至8月的K线走势

从图 4-32 中可以看到，该股在 2 月底上涨刚越过 10.00 元价位线便阶段见顶，之后经历了长达三个多月的调整走势，60 日均线缓慢向上运行越来越靠近股价，最终在 5 月中旬与股价缠绕在一起交错运行。

6 月上旬，股价连续在 5 日均线上方收阳上涨，5 日均线、10 日均线、20 日均线和 60 日均线向上发散形成多头排列，之后更是走出一波大幅上涨的可观行情，并在 8 月下旬创下 29.27 元的新高。

下面来看该股之后的走势，如图 4-33 所示。

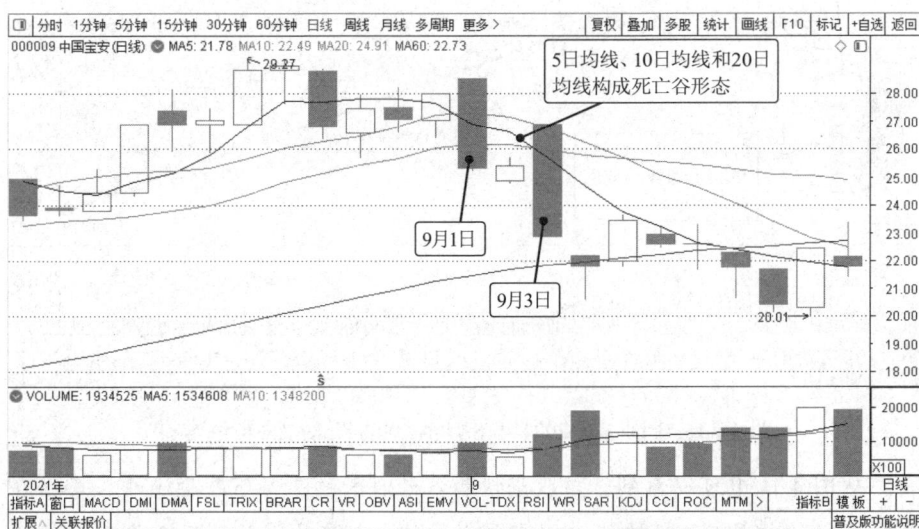

图 4-33 中国宝安 2021 年 8 月至 9 月的 K 线走势

从图 4-33 中可以看到，该股在创出 29.27 元的新高后涨势变弱，在高位横盘数日后便在 9 月 1 日以 9.71% 的跌幅收出一根大阴线，直接跌破 5 日均线、10 日均线和 20 日均线，5 日均线向下穿过拐头的 10 日均线，20 日均线也走平。稳健型的投资者在翻倍上涨的高位遇见死叉后，应该进行减仓操作了。

9 月 3 日，该股继续收出一根跌停大阴线，此时 5 日均线和 10 日均线已经明显向下了，20 日均线也拐头下行，60 日均线的涨速变得非常缓慢。次日股价跳空低开继续压低，很快 5 日均线和 10 日均线向下穿过 20 日均线，形成典型的死亡谷形态。

有了前期大幅上涨的行情作为铺垫，此时出现的死亡谷形态大概率是行情发生逆转的信号。场内投资者要及时抛售手中持股，离场观望。风险型投资者也要大量减仓，因为后市大概率会有一波力度较大的回调甚至彻底下跌，及时减仓可以锁定前期的投资收益，在行情调整结束后也可以再买回来。

下面来看死亡谷形态出现后的走势，如图4-34所示。

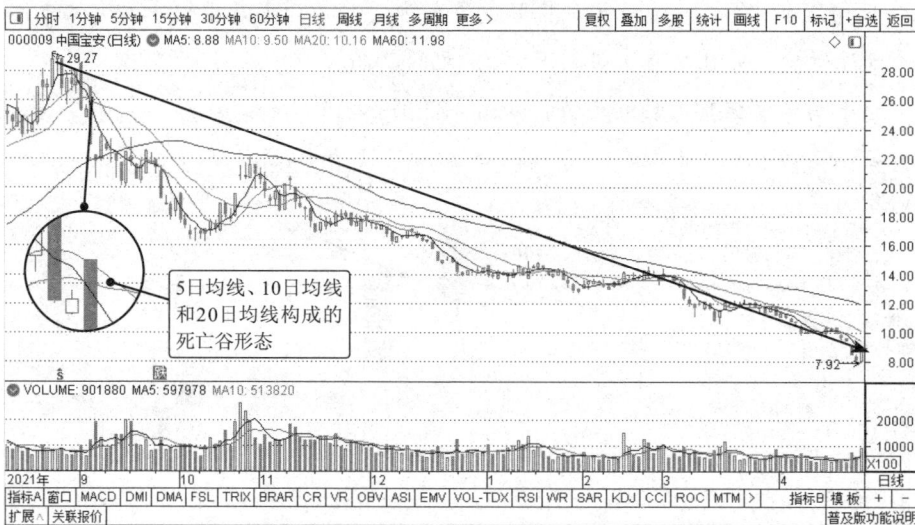

图 4-34　中国宝安 2021 年 8 月至 2022 年 4 月的 K 线走势

从图4-34中可以看到，该股很快步入长时间的深幅下跌通道中，那么在行情逆转的初期，5日均线、10日均线和20日均线构成的死亡谷形态就是这轮下跌中最好的卖出时机。

因此，投资者在大幅上涨的高位区域遇到死亡谷时，更要坚定地执行卖出操作，至于是全部卖出还是部分卖出，投资者可以根据自己的操作策略确定。

4.2.2　逐浪下跌形态

逐浪下跌形态是由三条不同周期的均线组合而成的看跌均线形态，常出现在股价下跌趋势中，尤其是在单边下跌趋势中，其基本特征如下：

①三条均线中，两条周期较短的均线多次出现交叉。

②三条均线中，周期最长的均线在最上方以斜线状压着另外两条均线向下运行。

③在下行过程中，均线犹如波浪一样一浪一浪向下延伸，浪形十分清晰。

图 4-35 为逐浪下跌形态的示意图。

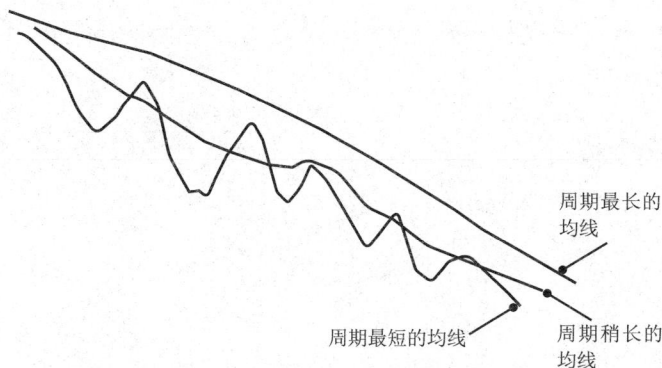

图 4-35　逐浪下跌形态示意图

在图 4-35 所示的逐浪下跌形态示意图中，三条均线的周期没有特别的规定，投资者可以根据自己的使用习惯和投资周期选择。同样的，负责构筑浪形的均线周期越短，其走势则越接近股价，逐浪下跌形态的浪形也越清晰。

在逐浪下跌形态中，通常周期稍长的均线和周期最长的均线会呈现出空头排列的形态，压制着 K 线、短期均线逐级回落。因此，前期套牢盘可在股价反弹触及长期均线处卖出。

另外，逐浪下降时的浪形越有规律，下跌的时间可能越长，下跌的空间也就越大，因此，投资者越早卖出，损失越小。

需要注意的是，在逐浪下跌形态中，如果股价在某一时刻强势向上冲破了长周期均线的压制，而成交量又有放量配合的话，接下来该股有可能会出现一波不错的反弹行情。当成交量不能持续配合股价上涨时，反弹即将结束，此时的高点就是投资者绝佳的离场机会。

如果股价是在大幅下跌之后放量突破形态中的长周期均线，那么行情发生反转的概率比较大，投资者可密切关注该股后市走势，并根据自己的操作策略做好买进准备。

下面来看一个具体的实例。

实例分析 **万科 A（000002）逐浪下跌形态卖出分析**

图 4-36 为万科 A 2022 年 12 月至 2023 年 7 月的 K 线走势。

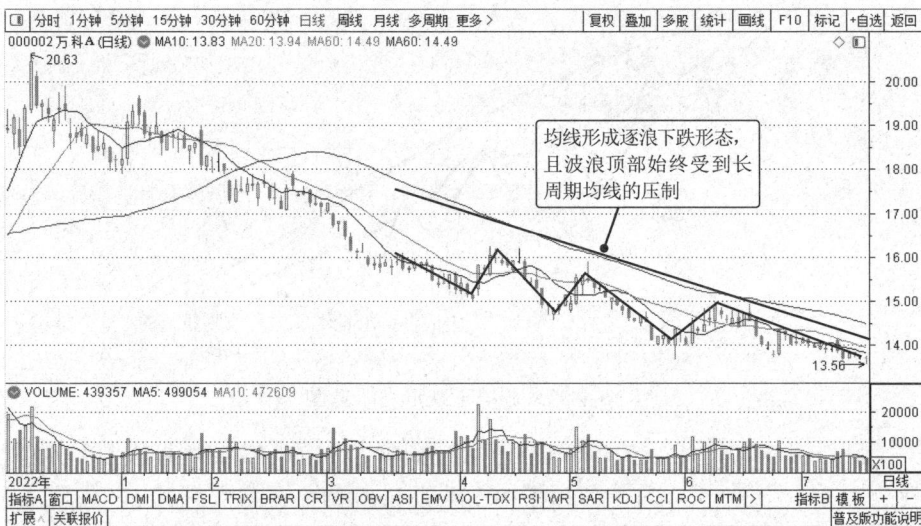

图 4-36　万科 A 2022 年 12 月至 2023 年 7 月的 K 线走势

从图 4-36 中可以看到，该股在 2022 年 12 月创出 20.63 元的新高后见顶回落，10 日均线率先拐头下穿 20 日均线后，这两条均线不断交叉同步向下运行，最终在 2023 年 2 月上旬下穿涨势减缓的 60 日均线。

股价横向整理了短短数日后便在 2 月底跌破横向整理的支撑位，此时 60 日均线也拐头向下，与 10 日均线和 20 日均线形成空头排列。

如此急促的下跌使得许多投资者来不及寻找合适的时机止损出局，只能被套其中。

进入 3 月后，该股跌势出现减缓，并在 4 月于 15.00 元价位线附近止跌反弹。此时下跌趋势已经形成，这波反弹是投资者离场的好时机，很多投资者选择在此清仓。

由于场内抛压比较重，该股很快便在 16.00 元价位线附近止涨回落。10 日均线和 20 日均线在这个过程中缠绕运行，但是 60 日均线仍然保持向下运行趋势，表明了市场中期不被看好。

4 月底，股价在小幅跌破 15.00 元价位线后很快出现反弹，但是高点未能越过上一个，最终在 15.50 元价位线附近结束反弹。从整个形态上来看，该股走出了一波比一波更低的走势，且下跌浪形十分清晰，是典型的均线逐浪下跌走势。之后该股的反弹大概率都会在 60 日均线下方受阻，投资者可借助这个特点寻找止损位尽早卖出。

图 4-37 为万科 A 2023 年 3 月至 9 月的 K 线走势。

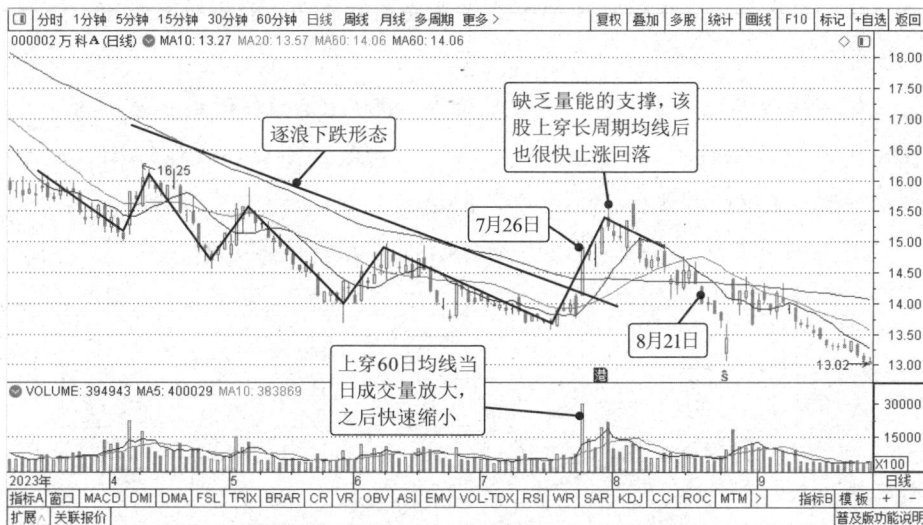

图 4-37 万科 A 2023 年 3 月至 9 月的 K 线走势

从图 4-37 中可以看到，该股在 5 月底下跌到 14.00 元价位线后再次止跌，依据逐浪下跌形态，之后股价反弹不会越过 60 日均线，且这一波上涨的浪顶不会超过 15.50 元价位线，因此，投资者可以在股价上涨接近 60 日均线时及时抛售，抓住这个止损位。

之后股价经历了一波较长时间的下跌，最终在 7 月下旬止跌，很快 10 日均线和 20 日均线也拐头向上。7 月 26 日，该股以 8.12% 的涨幅收出一根大阳线直接穿过 60 日均线，且当日的成交量明显放大。

回顾前期走势，股价从之前的 20.63 元下降到此时的 13.50 元，跌幅已经有 35%，行情是否会逆转，场外投资者是否可以抄底了呢？从安全投资的角度出发，建议投资者最好再观望一下，继续分析该股后市走势，不要盲目抄底。

从该股后市走势来看，在股价放量强势上穿 60 日均线的次日，成交量就缩减了一半，第三日也缩减了不少。

虽然之后两个交易日成交量有些许的放量，但是股价已经明显上涨乏力，说明此时市场中仍然有较大的抛压，这一次突破带来的是一波较大的反弹，一旦反弹结束，后市可能进入更深的下跌中。

因此，前期未能全部出手的投资者，此时就要抓住这波强势反弹果断出手。在这波反弹中误操作抄底的投资者也要及时离场，否则将在后市的下跌中被套牢。

从该股后市的走势来看，这波反弹在15.50元价位线附近止涨回落，并在8月21日再次跌破60日均线，之后10日均线、20日均线和60日均线很快向下散开呈空头排列，股价也持续下跌。

图4-38为万科A 2022年12月至2024年4月的K线走势。

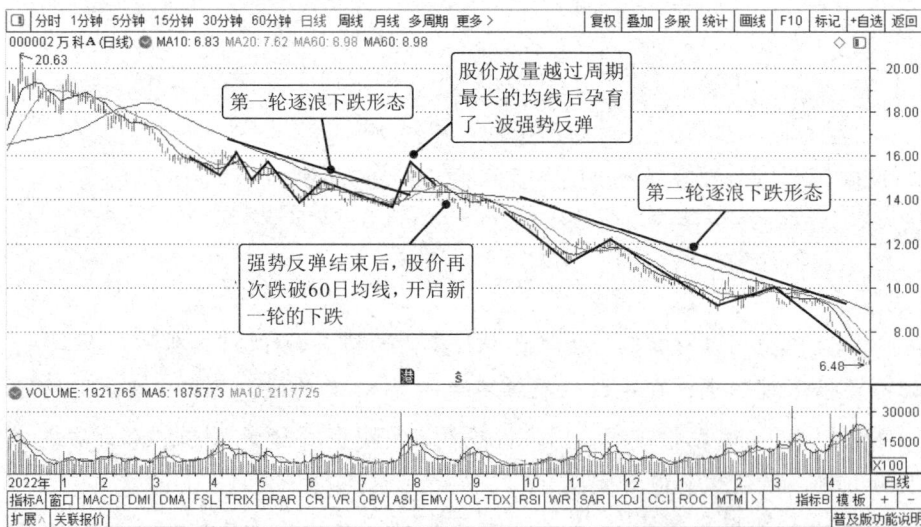

图4-38 万科A 2022年12月至2024年4月的K线走势

从图4-38中可以看到，该股开启了新一轮的下跌行情，且下跌各浪间隔时间更长，反弹的浪顶也越来越低。

如果投资者在第一轮的逐浪下跌形态中没有尽早止损离场，也错过了中间的强势反弹行情，那么之后就几乎找不到更好的止损时机了，只能长时间被深度套牢。

4.2.3 断头铡刀形态

断头铡刀形态又称一阴穿三线形态，具体技术特征如下：

①各周期均线逐渐收敛甚至黏合。

②一根中阴线或大阴线从上向下跌破各周期均线，且当日的收盘价在各条均线之下。

图 4-39 为断头铡刀形态的示意图。

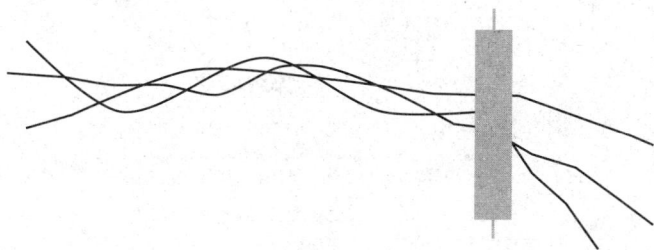

图 4-39 断头铡刀形态示意图

断头铡刀形态大多出现在上涨行情末期、上涨阶段顶部及下跌反弹顶部，市场意义如下：

①如果断头铡刀形态出现在上涨行情的末期，说明牛市有可能已经走到尽头，行情即将转入下跌通道。

②如果断头铡刀形态出现在上涨阶段顶部，预示该股将进入一段中期调整行情中。

③如果断头铡刀形态出现在下跌反弹顶部，表明反弹结束，新一轮的下跌开始。

由此可见，断头铡刀形态无论在哪里出现，后市都不容乐观，投资者都应该以持币观望的操作策略为主。此外，如果断头铡刀形态中的中阴线或长阴线带有大成交量，中长期转弱的信号更强，投资者要趁早离场。

需要特别说明的是，一般情况下，一根中阴线或大阴线跌破三条均线就可构成断头铡刀形态，但是中阴线或大阴线跌破的均线数量越多，跌破的均线周期越长，后市下跌的概率和幅度可能就越大，下跌的周期也就越长久。

下面来看一个具体的实例。

实例分析 天坛生物（600161）上涨行情中断头铡刀形态卖出分析

图 4-40 为天坛生物 2022 年 9 月至 2023 年 6 月的 K 线走势。

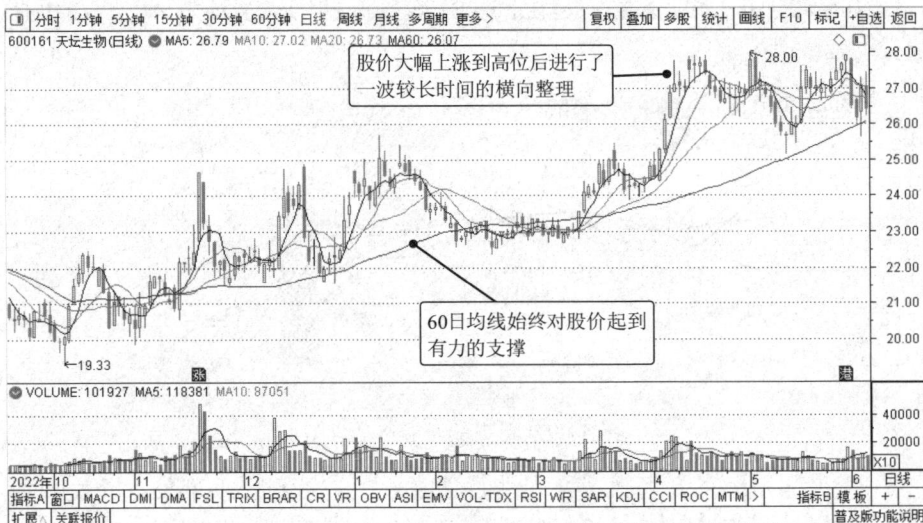

图 4-40 天坛生物 2022 年 9 月至 2023 年 6 月的 K 线走势

从图 4-40 中可以看到，该股在 2022 年 10 月初创出 19.33 元的新低后止跌企稳，5 日均线和 10 日均线率先拐头向上。股价很快连续收阳上穿到所有均线上方，与此同时，20 日均线和 60 日均线也走平并有向上运行的趋势。

之后该股一路震荡开启上升行情，在这期间，5 日均线、10 日均线和 20 日均线不断走出收敛、黏合、发散的形态，而 60 日均线则在最下方支撑股价一路波动上涨。

2023 年 1 月中旬，该股上涨到 25.00 元价位线后受阻回落，并在 2 月初小幅跌破 60 日均线。但是之后该股并没有继续大幅下跌，而是依托 60 日均线在 23.00 元价位线上横向窄幅波动，最终在 3 月中旬成交量放量的推动下重拾升势，开启新一轮的上涨。

随着涨势的不断加强，股价偏离 60 日均线越来越远，最终在 4 月上旬的 28.00 元价位线上受阻，5 日均线、10 日均线和 20 日均线逐渐收敛，相互缠绕在一起横向波动。

股价从 19.33 元上涨到 28.00 元，涨幅接近 45%。此时的横盘滞涨不是阶段见顶就是行情见顶，可视为葛兰威尔第四卖出法则的卖点，稳健型的投资者应该选择清仓操作，激进型的投资者也可以适当减仓。

下面来看该股后市走势，如图 4-41 所示。

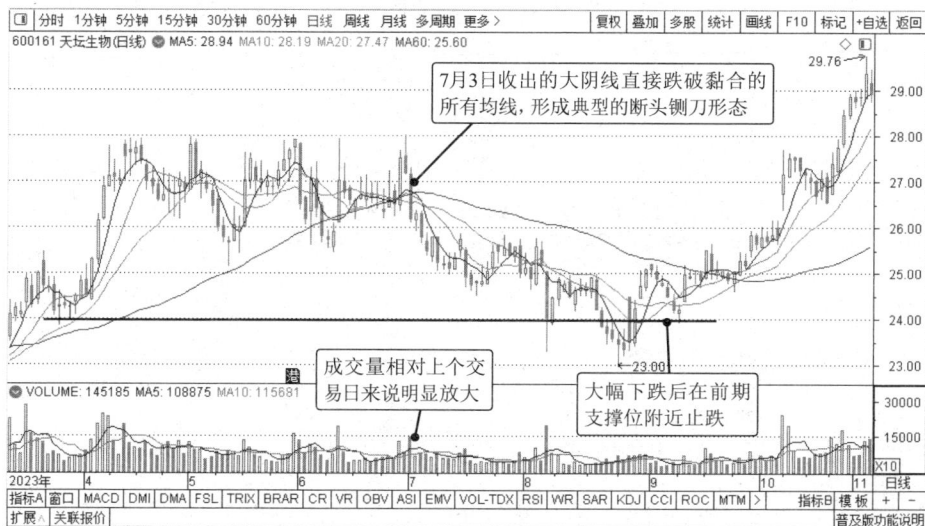

图 4-41　天坛生物 2023 年 3 月至 11 月的 K 线走势

从图 4-41 中可以看到，股价不断横向整理越来越靠近 60 日均线，最终在 5 月底与 60 日均线相遇，之后所有均线收敛并黏合在一起。

7 月 3 日，该股开盘后一路低走，以 3.61% 的跌幅收出一根大阴线直接跌破黏合在一起的四条均线，形成典型的断头铡刀形态。当日成交量相对于上个交易日来说也明显放大，更加确定了该股后市看空，此时无论后市是否还有上涨空间，投资者都应该卖出离场。

从后市走势来看，该股一路震荡下跌，甚至扭转了 60 日均线向下运行，直到 8 月底创出 23.00 元的新低后才在之前的支撑位附近止跌。无论从时间上还是跌幅上，这波调整的杀伤力都是比较大的，因此，对于断头铡刀形态，投资者要坚定以卖出为主要操作策略。

第 5 章

均线与其他技术综合应用

任何一个炒股分析技术都有各自的优缺点，在实战操作中，为了提高预测的准确性，投资者通常不会只依靠一个技术来做分析，而是同时使用多个技术进行综合判断。本章将选取炒股技术中比较基础和经典的K线技术、波浪理论和MACD指标来讲解均线与其他炒股技术的综合应用方法。

5.1　均线与 K 线技术的攻守方略

　　K 线是任何入市炒股的投资者必须要学会的基础技术，前面介绍均线特殊形态时已经初步涉及了均线与单根 K 线结合的使用，如蛟龙出海形态、断头铡刀形态等。本章将从 K 线组合和 K 线形态两个角度来介绍均线与 K 线技术的结合应用。

5.1.1　看涨 K 线组合与均线结合应用

　　看涨 K 线组合是指能够预示该股后市看涨的 K 线组合，可以由两根 K 线构成，也可以由三根或三根以上的 K 线构成。表 5-1 列举的就是比较常见的 K 线看涨组合。

表 5-1　常见看涨 K 线组合及其市场意义

组合名称	示意图	市场意义说明
早晨之星		早晨之星也称希望之星，一般出现在下跌行情的底部。标准的早晨之星由三根 K 线构成，第一根 K 线是一根大阴线或中阴线；第二根 K 线是一根低开的小阳线、小阴线或十字星线；第三根 K 线是一根大阳线或中阳线，当收盘价深入阴线实体的二分之一位置，即可判断形态成立，且深入阴线实体的部分越多，股价见底反转的信号就越强烈
红三兵		红三兵也称三个白武士或前进三兵，由三根连续上涨的阳线组合而成，与阳线实体的大小和上下影线均无关系。这些阳线每天的开盘价在前一天的实体之内，每天的收盘价在当天的最高点或接近最高点，且 K 线的收盘价一日比一日高，说明后市涨幅较大
曙光初现		曙光初现通常出现在下跌行情中，由两根一阴一阳的 K 线组成，第一根阴线为大阴线或中阴线，第二根为跳空低开的中阳线或大阳线，并且阳线的实体部分深入阴线实体二分之一以上，深入阴线实体的部分越多，见底信号越强
旭日东升		旭日东升实际上是曙光初现形态的增强版，也是由两根 K 线组合而成，第一根为中阴线或大阴线，第二根为高开高走的中阳线或大阳线，并且阳线的收盘价超过了前一根大阴线的开盘价，超出越多，阳线实体越长，后期上涨势头越强劲

组合名称	示意图	市场意义说明
多方炮		多方炮也称两阳夹一阴，通常出现在低位区域或上涨途中，发出可信的看涨信号。该组合由三根 K 线构成，中间的是阴线，两边的是阳线，后面一根阳线很重要，其实体越长，看涨信号越强。标准的多方炮组合中的三根 K 线的实体并排分布，且两根阳线的实体一般比阴线实体长（见左侧上方示意图）。 实战中也有变形的强势多方炮组合和弱势多方炮组合。其中，三根 K 线呈上升趋势排列即为强势多方炮组合（见左侧中间示意图），三根 K 线呈下降趋势排列即为弱势多方炮组合（见左侧下方示意图）
阳包阴		阳包阴组合也被称为底部的穿头破脚组合，由两根 K 线组成，第一根 K 线为下跌阴线，第二根 K 线为将第一根阴线从头到脚全部包裹的中阳线或大阳线，且量能要明显放大。两根 K 线的长度差距越悬殊，转势的力度就越强
阴孕阳		阴孕阳由两根 K 线组成，第一根是中阴线或大阴线，第二根是高开高走的中小阳线，其收盘价低于前一日中阴线或大阴线的开盘价，即在前日阴线内部收盘，俗称腹中孕线。这种组合通常预示多头反击，后市看涨
平底线		平底线又称镊底或平头底，是指股价在跌到一个比较低的价位之后，出现的两根最低价相同或大致处于水平位置的 K 线。这两根 K 线不分阴阳，所发出的见底信号没有差别
低档五阳线		低档五阳线是一个比较可信的见底信号，是指在下跌低价位区，K 线图上连续出现了五根小阳线（也有可能是六七根小阴小阳线，但阳线居多），表明行情的下跌动力不够，多头很可能在低位慢慢吸货，行情随时有向上发力的可能

各看涨 K 线组合与均线综合应用主要是利用均线金叉、均线多头排列、银山谷、葛兰威尔四条买入法则等均线形态发出的买入信号，与看涨 K 线组合发生共振，从而提高买入信号可靠性，降低失误风险。

下面通过一个具体的实例来了解看涨 K 线组合与均线的综合应用。

实例分析 中闽能源（600163）大幅下跌低位平底线与均线结合应用

图 5-1 为中闽能源 2021 年 12 月至 2024 年 2 月的 K 线走势。

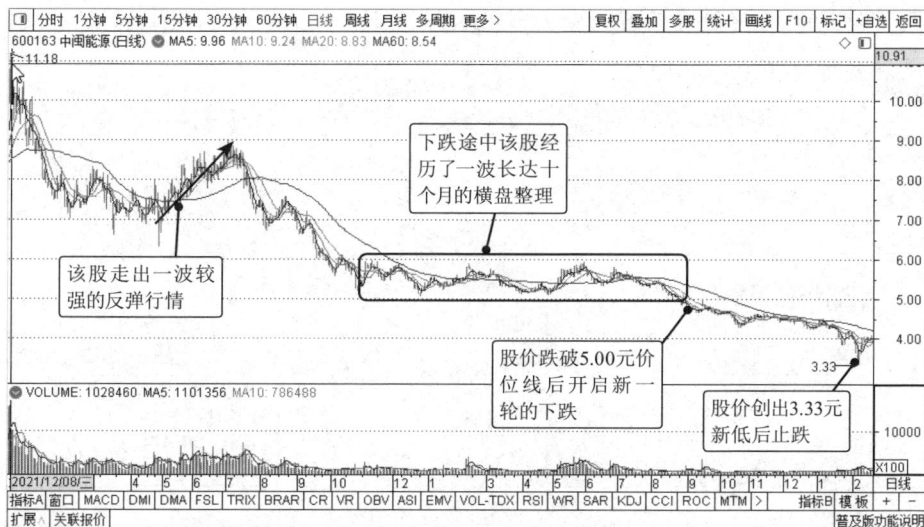

图 5-1 中闽能源 2021 年 12 月至 2024 年 2 月的 K 线走势

从图 5-1 中可以看到，该股在 2021 年 12 月 8 日创出 11.18 元的最高价后见顶步入下跌。刚开始下跌时股价的波动还是比较大的，期间还出现了一波较大的反弹。但是股价在 2022 年 11 月左右下跌到 5.00 元价位线上方后，就企稳并进入了长达 10 个月的横盘整理，在这期间，60 日均线也由下跌转为走平。

在 2023 年 8 月左右，该股跌破 5.00 元价位线，打破了横盘整理走势，开启新一轮下跌，但是从 60 日均线的走势来看，这波下跌的跌速相对于前期来说平缓了许多。

随着跌势的不断减缓，该股最终在 2024 年 2 月初创出了 3.33 元的新低后止跌，从最高的 11.18 元下跌到 3.33 元的新低，跌幅约为 70.21%，跌幅可谓巨大。见底的可能性也很大，投资者可密切关注该股后期的走势，并重点分析此时 K 线走势。

下面放大该股创出新低前后的行情进行具体分析，如图 5-2 所示。

从图 5-2 中可以看到，该股在 2024 年 1 月初小幅反弹到 60 日均线后受阻回落，之后连续收阴，偏离 60 日均线，并在 2 月 5 日当天以 7.61% 的跌幅收出一根大阴线，创出 3.33 元的新低。

此时股价已经大幅偏离了 60 日均线，根据葛兰威尔第四买入法则可知，股价有反弹的可能。而且此时股价已经有了约 70.21% 的跌幅，因此，这波反弹有可能转为上涨行情。

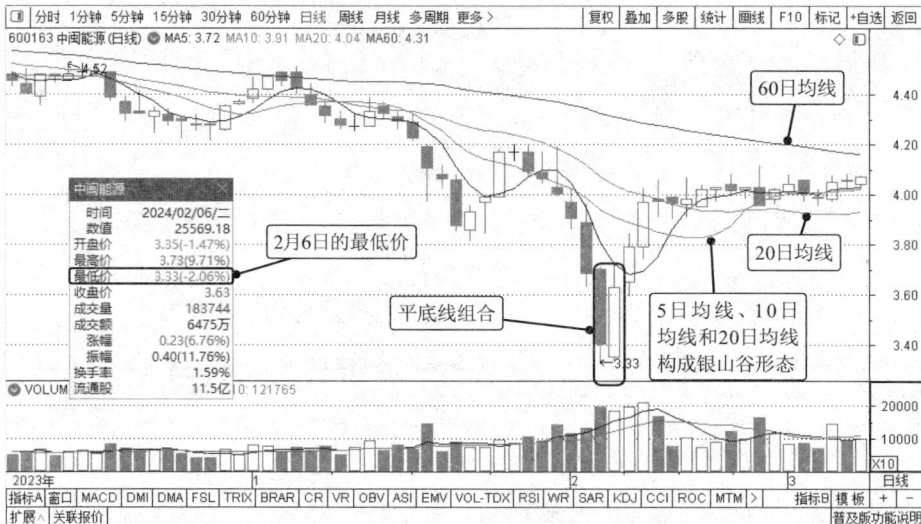

图 5-2   中闽能源 2023 年 12 月至 2024 年 3 月的 K 线走势

次日该股低开后震荡高走，当日以 6.76% 的涨幅收出大阳线，并且最低价与上个交易日一样都是 3.33 元（见图 5-2 中 2 月 6 日交易数据）。

这两个交易日的 K 线构成了平底线组合，再加上这个位置也符合葛兰威尔第四买入法则，更加强了行情见底的信号，激进型的投资者此时可以逢低吸纳。但是由于此时均线还呈现出向下发散的空头排列形态，投资者即使抄底也要轻仓操作，不能无视此阶段的风险。

之后，该股连续两日收阳拉升到 4.00 元价位线附近，5 日均线快速拐头向上穿过 10 日均线形成金叉，很快相继突破 20 日均线形成银山谷形态。此时股价已经上行到走平的 20 日均线上方，60 日均线跌势更缓，行情见底的可能性更大了。

下面继续看该股后续的走势，如图 5-3 所示。

从图 5-3 中可以看到，该股在形成银山谷形态后于 4.00 元价位线上横盘运行，最终在 3 月 11 日收出一根中阳线上穿走平的 60 日均线。之后股价一路上涨到 4.40 元价位线后受阻回落不破 20 日均线，且 60 日均线也有向上运行趋势，行情见底反转的趋势非常明显，回调不破的位置就是很好的买入时机，前期没有跟进的投资者可以持股待涨。

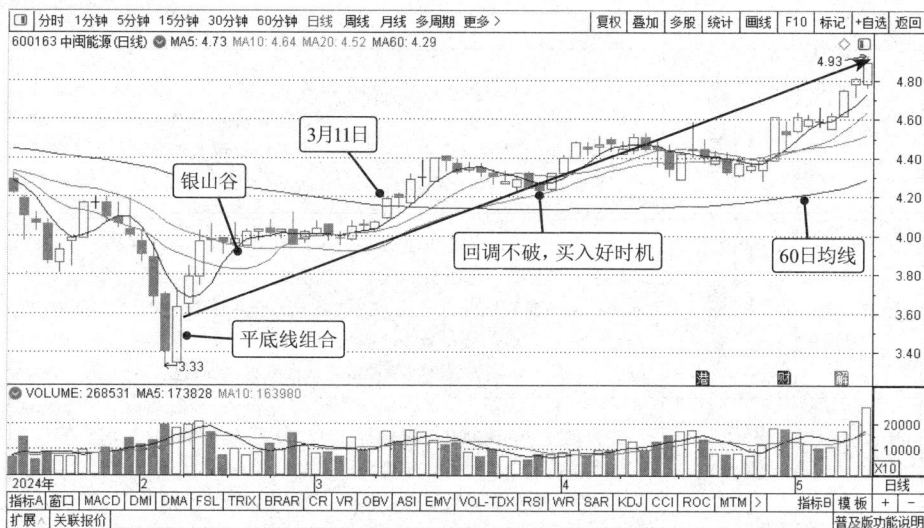

图 5-3　中闽能源 2024 年 1 月至 5 月的 K 线走势

5.1.2　看跌 K 线组合与均线结合应用

看跌 K 线组合与看涨 K 线组合刚好相反，是指能够预示该股后市看跌的 K 线组合，可以由两根 K 线构成，也可以由三根或三根以上的 K 线构成。表 5-2 列举的就是比较常见的 K 线看跌组合。

表 5-2　常见看跌 K 线组合及其市场意义

组合名称	示意图	市场意义说明
黄昏之星		黄昏之星又称暮星，由三根 K 线组成，发出见顶信号。第一根 K 线为大阳线或中阳线；第二根 K 线是高开的小阳线、小阴线或十字星线，第三根 K 线是一根大阴线或中阴线，收盘价应位于第一根阳线实体内，且深入得越低越具有效性。如果第二根 K 线是跳空的，且与第一根大阳线或中线形成缺口，则形态见顶信号更强
黑三兵		黑三兵 K 线组合与红三兵 K 线组合相反，是指三根连续下跌的阴线，最低价一日比一日低，表示空方力量在逐步加强，后市看淡。因此，当这种 K 线组合出现时，投资者不能盲目入场；持有股票的投资者也要赶紧卖出，避免更大的损失

组合名称	示意图	市场意义说明
乌云盖顶		乌云盖顶为股价见顶信号，由两根K线组合而成，第一根K线为大阳线或中阳线，继续前期的上涨，第二根K线为大阴线或中阴线，收盘价深入第一根阳线实体一半以下，形成乌云盖顶之势。阳线实体被阴线覆盖得越多，说明多方的力量越弱，空方的力量越强
倾盆大雨		倾盆大雨也称一泻千里，是旭日东升的反转形态，可以看作乌云盖顶形态的增强版。该组合由两根K线组成，第一根K线是大阳线或中阳线，第二根K线是低开的大阴线或中阴线，阴线的收盘价低于前一根阳线的开盘价，低得越多，阴线实体越长，预示着后期的下跌势头越强，如果同时期的成交量急剧放大，则跌势更加猛烈
空方炮		空方炮也称为两阴夹一阳，通常出现在大幅上涨的高位或阶段顶部，发出可信的看跌信号。该组合由三根K线组合而成，中间是阳线，两边是阴线，且前后阴线越大，中间阳线越小，杀伤力越强。 在空方炮组合中，三根K线的不同排列衍生出三种组合形态，分别是标准空方炮组合、强势空方炮组合、超强空方炮组合。 标准的空方炮组合中的三根K线实体轻微向右下方倾斜（见左侧上方示意图），且两根阴线的实体一般比阳线实体长。如果三根K线呈明显的下降趋势，则视为强势空方炮组合（见左侧中间示意图）。如果三根K线呈明显下降趋势后，K线实体之间存在跳空缺口，则视为超强势空方炮组合（见左侧下方示意图）。这三种空方炮组合预示的看跌信号逐步加强
阴包阳		阴包阳组合也被称为顶部的穿头破脚组合，由两根K线组成，第一根为上升阳线，第二根为将第一根阳线从头到脚全部包裹的阴线，两根K线的实体长度悬殊越大，反转的意味越强
阳孕阴		阳孕阴由两根K线组成，第一根K线是中阳线或大阳线，第二根K线是低开低走的中小阴线，收盘价高于前一日中阳线或大阳线的开盘价，即在前日阳线内部收盘，说明多头力竭，空头开始占据上风，通常视为股价即将反转下跌的信号
平顶线		平顶线又称镊顶或平头顶，是指股价在上涨到一个较高的价位之后，出现的两根最高价相同或大致处于水平位置的K线。这两根K线不分阴阳，所发出的见顶信号没有差别
高档五阴线		高档五连阴K线组合是指股价上涨到高位后连续收出五根小阴线，一般呈横向排列或缓跌式排列，且总跌幅一般不超过10%，是一种见顶反转信号。实战中，有时候小阴线数量会超过五根，不过研判方法和高档五连阴一样

各看跌 K 线组合与均线综合应用，主要是利用均线死叉、均线空头排列、死亡谷、葛兰威尔四条卖出法则等均线形态发出的卖出信号与看跌 K 线组合发生共振，从而提高卖出信号可靠性，降低风险。

此外，看跌 K 线组合在顶部也比较容易构成复合 K 线组合，如平顶线常和穿头破脚、乌云盖顶等，这种形态预示着市场中的下跌能量十分强烈，投资者不可久留，应立即清仓出局。

下面通过一个具体的实例来了解看跌 K 线组合与均线的综合应用。

实例分析　深物业 A（000011）上涨高位看跌 K 线组合与均线结合应用

图 5-4 为深物业 A 2020 年 3 月至 8 月的 K 线走势。

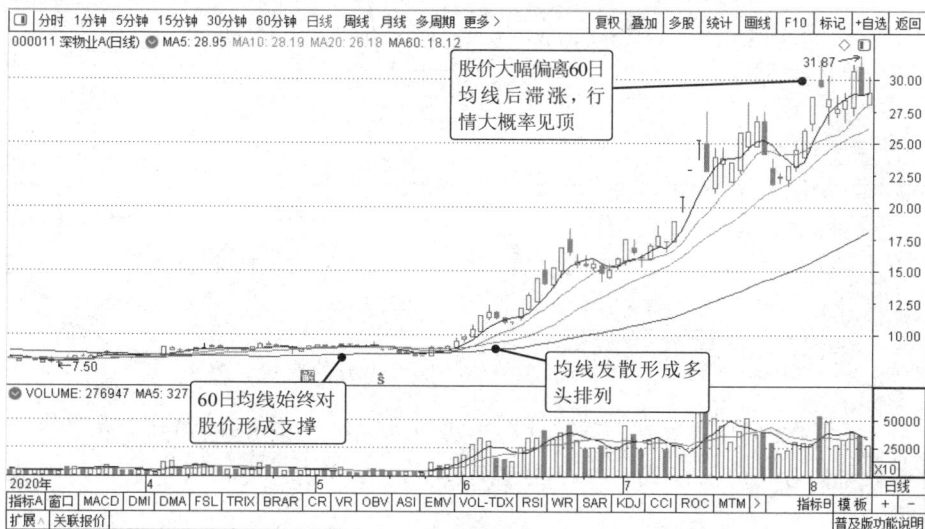

图 5-4　深物业 A 2020 年 3 月至 8 月的 K 线走势

从图 5-4 中可以看到，该股在创出 7.50 元的新低后止跌企稳，但后续拉升幅度不大，成交量也不活跃。5 日均线、10 日均线和 20 日均线相互缠绕，60 日均线则在下方形成一定的支撑。

5 月中旬，股价回落到 60 日均线位置但没有跌破，多条均线收敛在一起。5 月底，成交量突然放量推动股价上涨，K 线站到 5 日均线上方，所有均线发散形成多头排列，行情主升期正式启动。

之后该股依托 5 日均线在 20 日均线上方大幅上涨，由于 60 日均线的滞后性，二者形成了明显的偏离。

　　进入 8 月，该股上涨触及 30.00 元价位线后受阻，在附近横向运行，并创出 31.87 元的新高。股价从最低的 7.50 元上涨到此时 31.87 元的高位，涨幅约 325%，可谓十分可观。根据葛兰威尔第四卖出法则，该股后市可能出现回落走势。

　　下面放大该股的顶部走势进行具体分析，如图 5-5 所示。

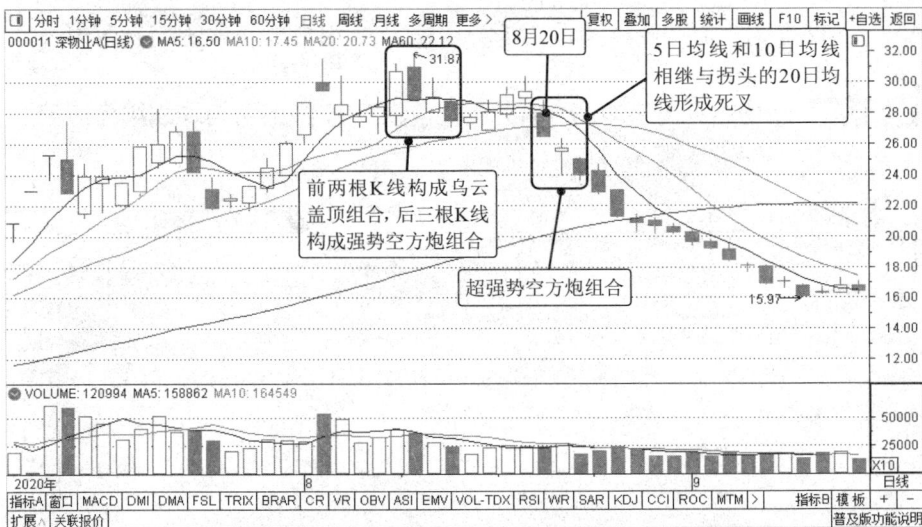

图 5-5　深物业 A 2020 年 7 月至 9 月的 K 线走势

　　从图 5-5 中可以看到，该股在创出新高当日以 6.16% 的跌幅收出大阴线，与上个交易日的大阳线形成了典型的乌云盖顶形态，发出行情见顶的预示信号。

　　接着该股分别收出一根阳线和一根阴线，相较于最高位的大阴线有明显的向下运行趋势，构成了典型的强势空方炮组合。

　　在短短四个交易日内，K 线连续形成乌云盖顶和强势空方炮复合形态，大大增强了行情见顶的预示信号。虽然此时 20 日均线和 60 日均线还呈现向上运行趋势，但是稳健型的投资者都应该考虑减仓甚至清仓了，激进型的投资者也要引起特别注意。

　　虽然该股在强势空方炮组合形成后短暂在 28.00 元价位线上企稳，甚至整体还有上行的趋势，但是在 8 月 20 日，该股跳空低开收出一根跌停大阴线，就说明了行情大概率已经无法逆转。次日该股继续跳空低开收出一根小阳线并跌破20日均线运行到其下方，此时5日均线和10日均线都明显拐头，20日均线也走平，60日均线的涨势更加平缓。

再往后一个交易日，该股继续跳空收阴。这三个交易日的K线实体之间形成明显的缺口，且下降趋势明显，构成了超强势空方炮组合，进一步发出可靠的后市看跌信号。而且此时股价已经跌破了高位滞涨平台，多条均线拐头，前期还滞留在场内的投资者应该能明显分析出行情见顶反转的迹象，进而及时抛售出局。

其实，该股在出现超强势空方炮组合后还连续收出了十根阴线，从这些阴线中可以明显分辨出黑三兵组合和五连阴组合，这些都是非常可信的看跌K线组合。但此时的股价已经被大幅拉低了，最佳的离场时间还是前期的复合形态及超强势空方炮组合处。

图5-6为深物业A 2020年8月至2021年2月的K线走势。

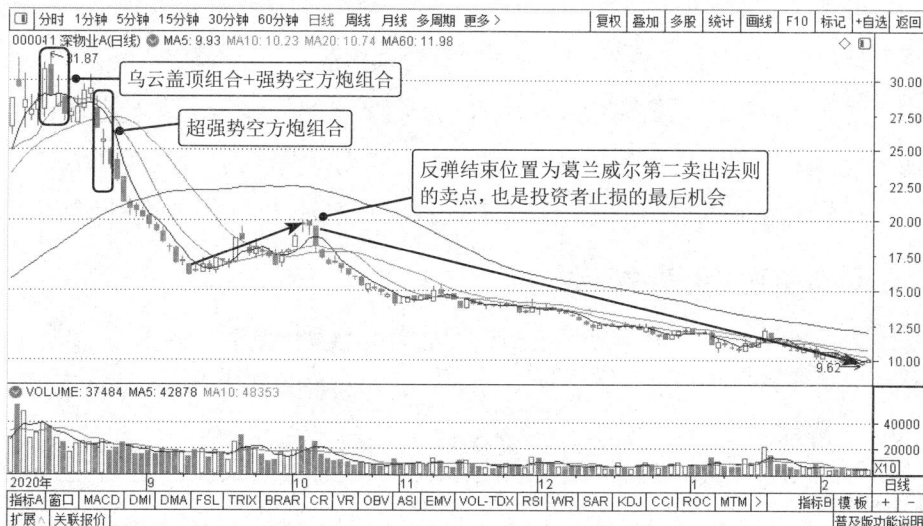

图5-6　深物业A 2020年8月至2021年2月的K线走势

从图5-6中可以看到，该股在16.00元价位线附近止跌后经历了一波短暂的反弹，但是在20.00元价位线附近便止涨，此时60日均线已经明显拐头向下，说明该股后市看跌，这也是葛兰威尔第二卖出法则的卖点位置，场内投资者要抓住时机果断清仓，以规避后市的深幅下跌。

从后市的走势来看，该股始终受到 20 日均线的压制，在 60 日均线下方走出了一波长时间的深幅下跌行情，整个下跌过程中几乎没有更好的止损位。由此可见，投资者只有尽早清仓出局，才能尽可能地减少投资损失。

5.2　均线与波浪理论的攻守方略

波浪理论是艾略特波浪理论的简称，它是技术分析中的一种经典理论，可以对市场的趋势变化进行细致刻画，因此是趋势及波段分析中最常使用的技术手段之一。

均线也是刻画股价趋势变化的一种分析技术，二者结合使用可以提高市场趋势预测的准确性，从而更好地操作。

5.2.1　波浪理论知识概述

波浪理论是 20 世纪 30 年代由拉尔夫·纳尔逊·艾略特利用道琼斯工业平均指数作为研究工具发明的一种价格趋势预测工具。

对波浪理论没有任何认知基础的投资者要学习均线与波浪理论的结合应用，首先要了解波浪理论的入门知识，才能更好地理解二者的结合应用。

下面从波浪理论的基本要素、基本波形和铁律规定这三个方面进行介绍。

1. 波浪理论的基本要素

波浪理论有三个基本要素，分别是波形、波幅及波时，它们是波浪理论的精华，也是学好波浪理论的必要认知，各要素的具体介绍见表 5-3。

表 5-3　波浪理论三大要素

基本要素	具体介绍
波形	波形即价格走势所形成的形态，是最重要的一个要素。最初，艾略特就是从价格走势的波浪形形态变化中得到启示才发现了波浪理论
波幅	波幅就是波幅比率，具体指价格走势图中波浪的高点和低点所处的位置和差值，通过计算这些差值可以更好地把握各个浪的开始和结束，从而确定股价的支撑点或压力点
波时	波时即波浪形态形成所需的时间，在波浪理论中，各个波浪的形成时间是相互联系的，掌握这些可以让投资者提前预知某个大趋势的到来，从而更好地提前布局买卖

2. 波浪理论的基本波形

在波浪理论中，形态是人们研究的重要对象。一个完整的波浪运动周期主要包括上升与下跌两个阶段。其中，上升阶段的波浪模式被称为五浪模式；下跌阶段的波浪模式被称为三浪模式。

因此，波浪理论的就是由上升五浪和下跌三浪构成的八浪形态，如图 5-7 所示。

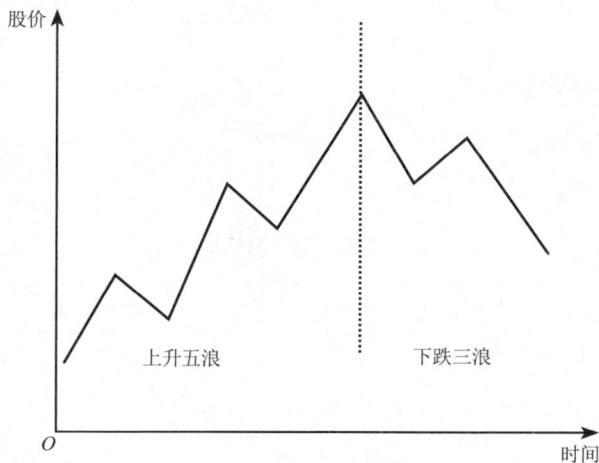

图 5-7　八浪形态

在图 5-7 中，虚线左侧部分是八浪形态中的上升五浪，在这一阶段中，股价以五浪形式向上运动，对股价的上涨起到推动作用；虚线右侧部分是下跌三浪，在这一阶段中，股价以三浪形式向下运动，对股价的上涨起到阻碍作用。下面对上升五浪和下跌三浪进行具体介绍，见表 5-4。

表 5-4　上升五浪和下跌三浪介绍

浪形	示意图	具体介绍
上升五浪		上升五浪通常表示为浪 1、浪 2、浪 3、浪 4、浪 5，总体运行趋势向上，因此，也被称为"顺流五个浪"。在这五个波浪中，向上运行的波浪有三个，分别是浪 1、浪 3 和浪 5，这三浪是推动股价不断上涨的关键；向下运行的波浪有两个，分别是浪 2 和浪 4，这两个浪的调整都是在为后面浪 3 和浪 5 的上涨积蓄力量

续上表

浪形	示意图	具体介绍
下跌三浪		下跌三浪通常表示为浪 A、浪 B、浪 C，总体运行趋势向下，因此，也被称为"逆流三个浪"。在这三个波浪中，向下运行的波浪有两个，分别是浪 A 和浪 C，推动股价一步一步运行到更低位，而浪 B 是下跌走势中的反弹

在上述八个波浪构筑完毕后，标志着一个循环的结束，市场走势进入下一个八浪循环。这种循环不断重复，构成了股价或指数的趋势。

3. 波浪理论的铁律规定

所谓铁律规定就是波浪理论中的基本法则，是不能被破坏的，铁律规定有三条，具体见表 5-5。

表 5-5　波浪理论铁律规定介绍

铁律	具体介绍	示意图
铁律一：浪 2 调整的最低点不会跌破浪 1 的起始点	无论浪 2 的回调幅度是大还是小，回调低点都不能低于浪 1 的起始点，否则八浪基本形态不成立	
铁律二：浪 3 永远不是最短的一浪	无论哪种情况下，在上升五浪模式中，浪 3 都不会是最短的一浪，而且浪 3 也最容易产生暴发上涨	
铁律三：浪 4 不会跌破浪 1 的顶部	无论浪 4 的回调时间有多长，回调速度有多快，低点都不会跌破浪 1 的顶部	

波浪理论的铁律都是针对上升五浪的，从顺势而为的角度来看，投资者的买入操作也基本在上升五浪中进行，因此下面介绍两个均线与浪 3 和浪 5 结合的典型应用。

5.2.2　结合均线发现浪 3 启动

在上升五浪中，浪 3 不仅是最具爆发力的一浪，也是最容易延长上涨时间，扩大获利空间的一浪。

1. 浪 3 最具爆发力

根据 A 股的特点，以浪 1 的长度作为参考，浪 3 的可能长度有如下三种：

①浪 3 是浪 1 的 161.8%。

②浪 3 是浪 1 的 261.8%。

③浪 3 是浪 1 的 423.6%。

从这个比例数据来看，浪 3 即是真正的牛市，抓住浪 3 是投资者在股市中获益的关键。为了更好地对比查看浪 3 的爆发力，投资者可以从浪 3 的浪长示意图中来进行直观感受，如图 5-8 所示。

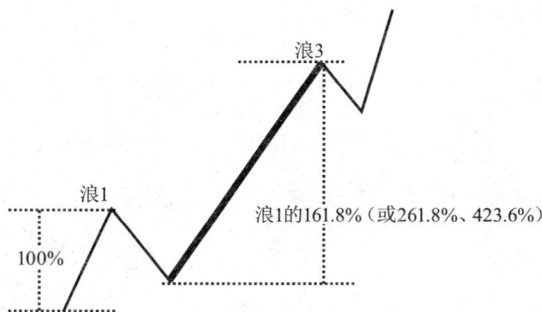

图 5-8　浪 3 的浪长示意图

2. 浪 3 最容易发生延长

所谓波浪的延长是指波浪的运动幅度放大或持续时间拉长的现象。在波浪理论中是指某个波浪由多个次一级的小波浪构成，导致原来的浪级发生延长。如浪 3 发生延长，即表示浪 3 中可能再添上额外的五小浪结构，如图 5-9 所示。

从图 5-9 中可以看到，当浪 3 发生延长后，其上涨幅度和持续时间都增加了。由此可见，在整个上升五浪中，浪 3 是最具潜力的一浪，如果投资者刚好抓住了这一浪，那么有很大机会获得不错的收益。

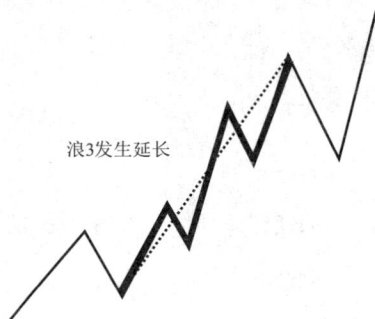

图 5-9　浪 3 发生延长

　　结合均线来分析，在浪 2 回调位置，如果股价从下向上突破 5 日均线并带动其拐头向上，同时，均线组合向上发散，60 日均线保持向上或从走平转为向上，则浪 2 大概率结束。此时投资者就可以密切关注该股走势，结合其他看涨信号提早在浪 3 启动时介入。

　　下面来看一个具体的实例。

实例分析　深圳能源（000027）突破 5 日均线发现浪 3 启动

　　图 5-10 为深圳能源 2020 年 6 月至 2021 年 7 月的 K 线走势。

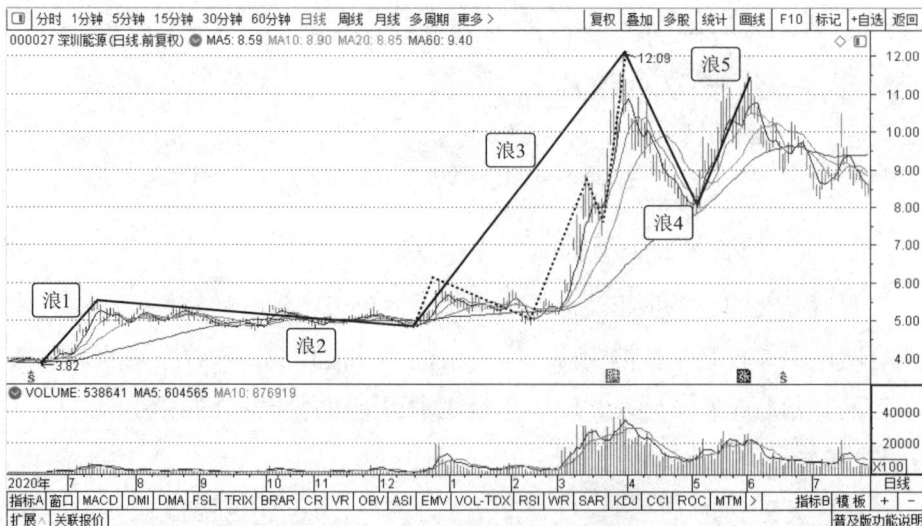

图 5-10　深圳能源 2020 年 6 月至 2021 年 7 月的 K 线走势

从图 5-10 中可以看到，该股在这段时间内经历了一波完整的上升五浪。

浪 1 从 3.82 元开启，上涨到 5.60 元价位线附近滞涨回落。

浪 2 经历了一波长时间的小幅回调整理，最终在 12 月中旬于 4.80 元价位线附近结束。

浪 3 上涨到 6.00 元价位线滞涨回落，根据波浪理论铁律规定，浪 3 不是最短的一浪，此时浪 3 是小于浪 1 的，因此，6.00 元价位线不是浪 3 的结束位置，由此分析浪 3 大概率出现延长。根据后市走势可见，浪 3 的延长（见图 5-10 中的虚线）由次一级的上升五浪构成，最终股价创出 12.09 元的高价后回落，浪 3 结束。

浪 4 则是以直线下跌的方式展开，短短一个多月的时间下跌到 8.00 元价位线止跌，浪 4 结束。

浪 5 开启后，由于上涨动力不足，最终涨势不过浪 3 顶部便结束。

从整个上升五浪来看，浪 3 的延长拉长了上涨时间和上涨幅度，股价从 4.80 元附近上涨到最高的 12.09 元，涨幅约 152%，是整个上升五浪中最让人惊喜的一浪。那么，如何才能准确买在浪 3 的启动阶段呢？

下面放大浪 2 和浪 3 启动阶段的走势进行具体分析。

图 5-11 为深圳能源 2020 年 7 月至 2021 年 1 月的 K 线走势。

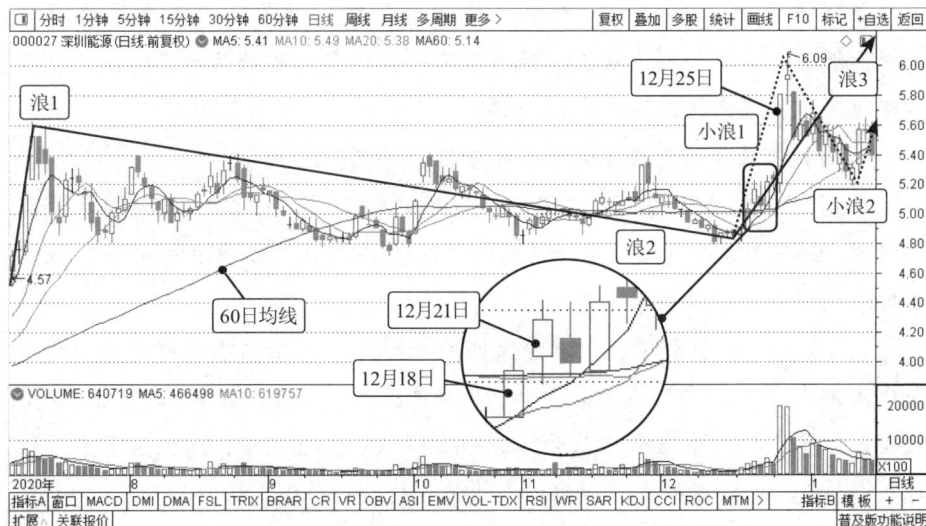

图 5-11　深圳能源 2020 年 7 月至 2021 年 1 月的 K 线走势

从图 5-11 中可以看到，浪 1 在 5.60 元价位线上受阻后回落开启浪 2。浪 2 的回调底部受到 4.80 元价位线的支撑，说明该价位线是一个重要的支撑位。

从这一时期的均线来走势来看，浪 2 开启后，5 日均线、10 日均线和 20 日均线率先缠绕在一起运行。随着股价持续调整，股价越来越靠近 60 日均线，并在 9 月上旬与 60 日均线相遇，多条均线缠绕在一起，且由于整理持续时间比较长，60 日均线也由向上变为走平，后市走势不明，场外投资者应以持币观望的策略为主。

进入 12 月中旬，股价再次回落到 4.80 元价位线获得支撑止跌。12 月 18 日，该股以 3.5% 的涨幅收出中阳线并小幅上穿 60 日均线。12 月 21 日，该股继续报收阳线站在 5 日均线上方，说明行情止跌回升。

但是此时只有 5 日均线上穿 10 日均线形成金叉，20 日均线和 60 日均线都还是走平状态，且短期均线都还运行在 60 日均线下方，因此，并不能确定浪 3 开启，投资者应继续观望。

12 月 25 日，该股放量强势上穿均线越过浪 1 顶部。与此同时，所有均线由黏合状态变为向上发散，60 日均线也拐头向上，在最下方承托着其他均线。此时的均线发散形态是股价继续上涨的推动力，后市看涨，浪 3 开启，激进型的投资者可以逢低吸纳。

虽然股价创出 6.09 元的价格后便回落下跌，但是从波浪理论的角度分析，浪 3 大概率会发生延长，是后市又一波强劲上涨的预示，所以，投资者仍然可以积极看待该股后市走势。

下面放大浪 3 的走势来进行具体分析，如图 5-12 所示。

从图 5-12 中可以看到，小浪 1 在 6.00 元价位线上受阻后再次回落开启小浪 2。小浪 2 的幅度比较小，且大部分时间都受到向上运行的 60 日均线的支撑，期间均线都呈黏合形态。

3 月 2 日，该股放量收出涨停大阳线同时穿过四条均线，形成典型的蛟龙出海形态，次日更是阳线报收于 5 日均线上方，多条均线向上发散形成多头排列，多个技术发出看涨信号，进一步确认小浪 2 结束，小浪 3 开启。前期买在浪 3 启动阶段的投资者可以在小浪 3 启动时根据自己的操作策略加仓，场外投资者也是在小浪 3 启动时入场更安全，且买入价与浪 3 启动初期的买入价相差不大。

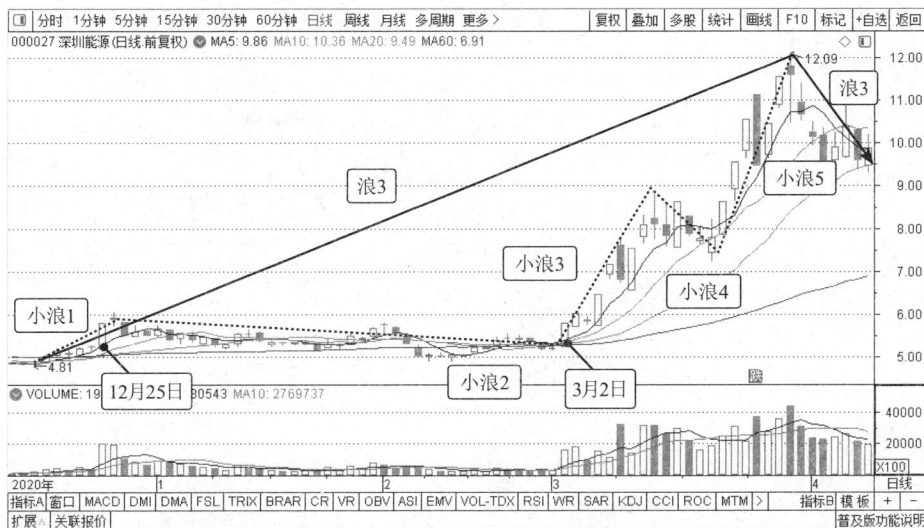

图 5-12　深圳能源 2020 年 12 月至 2021 年 4 月的 K 线走势

5.2.3　结合均线分析浪 5 见顶

浪 5 是上升五浪中的最后一个驱动浪，这一浪中经常出现衰竭性的上涨，即股价与成交量背离。也正是因为上涨无量能配合，浪 5 的涨幅通常不会很大，除非发生延长。因此，从理论上来说，浪 5 的涨幅值有以下几种情况：

①浪 5 涨幅等于浪 1 的 61.8%，如图 5-13 所示。

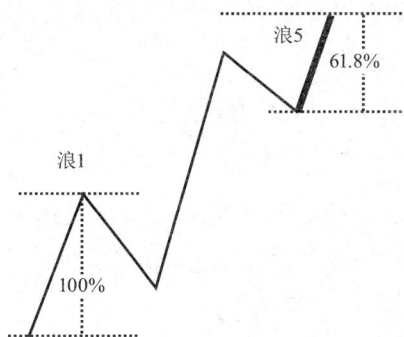

图 5-13　浪 5 涨幅等于浪 1 的 61.8% 的示意图

②如果市场在浪 3 处发生延长，则浪 5 极有可能与浪 1 的长度一样，如图 5-14 所示。

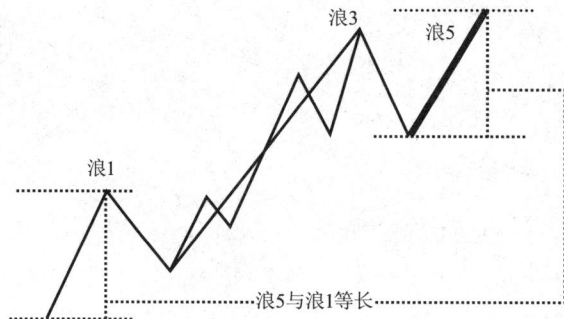

图 5-14　浪 5 涨幅等于浪 1 的示意图

③浪 5 涨幅与浪 1 和浪 3 的总长有着密切关系，有时浪 5 涨幅是浪 1 底部至浪 3 顶部的总长度的 61.8%，如图 5-15 所示。

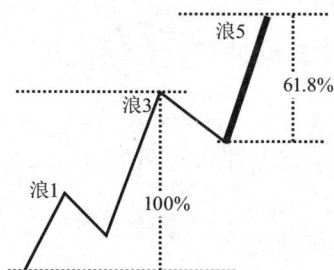

图 5-15　浪 5 涨幅等于浪 1 底到浪 3 顶的 61.8% 的示意图

④如果浪 5 发生延长，那么其浪长可能是浪 1 底部至浪 3 顶部的长度的 161.8%，如图 5-16 所示。

前面绘制的示意图中，浪 5 顶部都是高于浪 3 顶部的，但实战中也会出现浪 5 上涨顶部不过浪 3 的情况。

从波浪理论的角度来看，浪 5 结束后便是下跌三浪，因此，无论浪 5 的涨幅是长是短，投资者及时定位浪 5 顶部结束位置非常重要，因为这样可以避免盲目追涨被套。

从均线的角度来分析，浪 5 顶部就是葛兰威尔第四卖出法则的卖点位置。如果此时 60 日均线已经走平，或者短期均线形成了死叉、死亡谷等看跌形态，则浪 5 见顶的可能性更大，投资者要及时卖出，落袋为安。

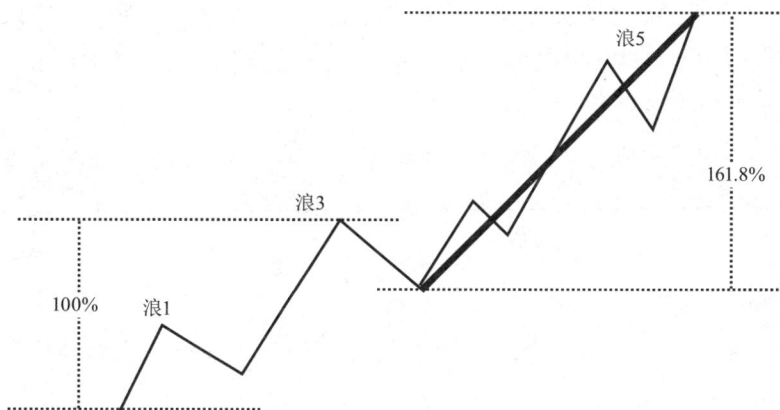

图 5-16　浪 5 涨幅等于浪 1 底到浪 3 顶的 161.8% 的示意图

下面来看一个具体的实例。

实例分析 国药一致（000028）大幅偏离均线后死叉预示浪 5 结束

图 5-17 为国药一致 2022 年 4 月至 2023 年 5 月的 K 线走势。

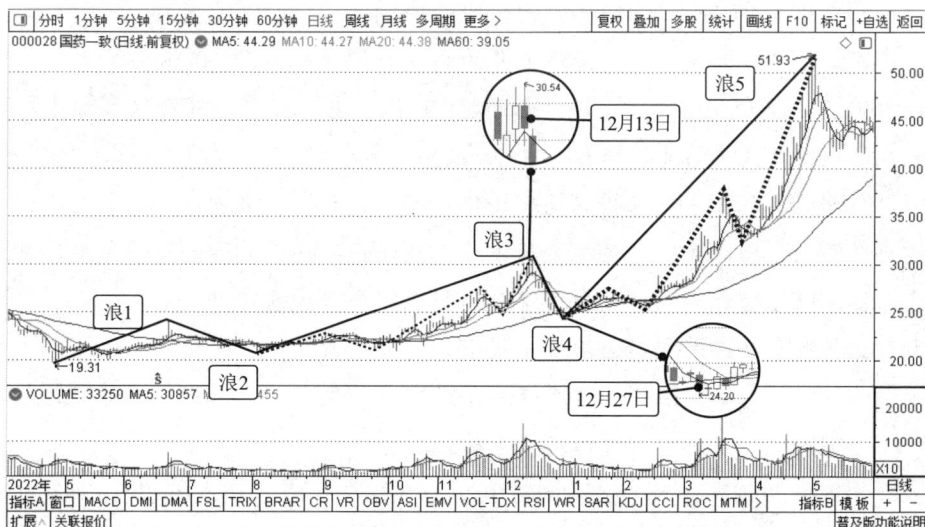

图 5-17　国药一致 2022 年 4 月至 2023 年 5 月的 K 线走势

从图 5-17 中可以看到，该股在这段时间内形成了一段完整的上升五浪，且浪3发生了延长。当浪3发生延长后，浪5可能会出现以下两种情况：

第一种情况是这轮上涨主要集中在浪3，而浪5由于上涨动力不足，高点可能不过浪3顶部，那么股价在开启浪5后，投资者就要在前期浪3顶部附近减仓那么甚至清仓。

第二种情况是浪3经过延长后上涨幅度仍然不大，此时浪5可能发生延长。再看该股的浪4结束时60日均线保持良好的向上运行趋势，说明后市看好，进一步佐证了浪5会发生延长。因此，浪5的结束位置大概率会超过浪3顶部。

那么浪5的具体结束位置在哪里呢？下面从浪5的理论涨幅值来进行推测。

通过前面的理论计算，如果浪3发生延长，浪5的浪长可能是浪1底部至浪3顶部的长度的161.8%，因此，首先找到浪1的起始价格和浪3的结束价格，具体如下：

浪1的起始价格为4月26日的19.31元，浪3结束的终止价格为12月13日的30.54元。

由此浪1底部至浪3顶部的长度为：30.54-19.31=11.23（元）。

那么浪5发生延长后理论应上升的高度为：11.23×1.618=18.17（元）。

浪5的起始价格为12月27日的24.20元，据此可以计算出浪5发生延长后的理论结束价格为：24.20+18.17=42.37（元）。

这里计算的浪5结束价格为理论值，实际走势中，浪5可能还未上涨到这个理论值就结束了，也可能会超过这个理论值。如果实际走势中，股价还未上涨到理论值便走弱，投资者就要根据实际走势提前减仓。如果股价上涨到理论值时仍然涨势较好，从安全投资的角度来看，投资者还是应该适当减仓，因为任何人都无法预测这波涨势还能持续多久。

下面放大浪5的走势进行具体分析。

图5-18为国药一致2022年12月至2023年7月的K线走势。

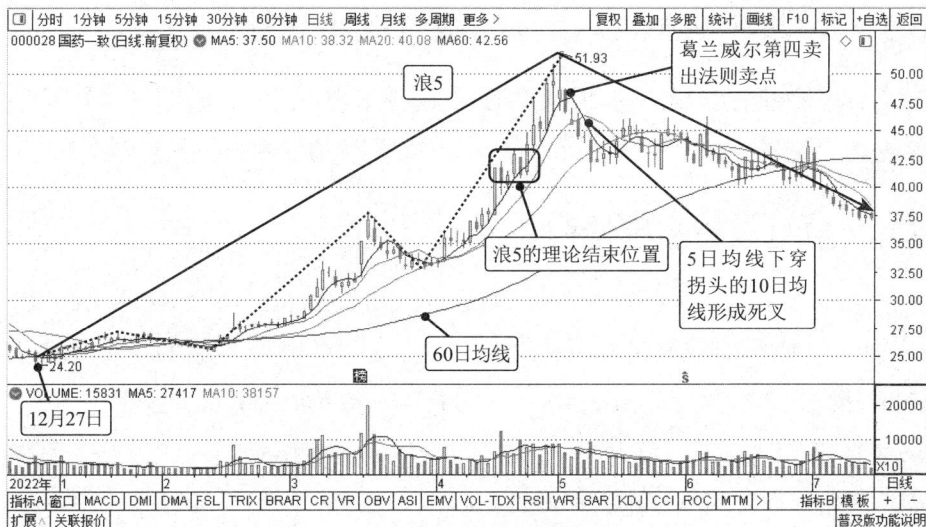

图 5-18 国药一致 2022 年 12 月至 2023 年 7 月的 K 线走势

从图 5-18 中可以看到，该股在 12 月 27 日启动浪 5 后，在延长理论的作用下经历了一波大幅上涨。4 月中旬，股价上涨到浪 5 理论应结束的位置，此时股价正处于次一级的上升五浪中的小浪 5 阶段。

尽管此时多条均线仍然呈现多头排列，但是 60 日均线的涨速远远赶不上其他均线，股价已经偏离了 60 日均线很多，随时有回落的可能，稳健型的投资者最好减仓，回笼部分资金。

4 月底，股价继续上涨到 50.00 元价位线附近后滞涨，在 5 月 4 日冲高回落创出 51.93 元的高价，次日便继续下跌。相较于前期的浪 5 理论结束位置，股价又上涨一个台阶，也更加偏离 60 日均线，且 60 日均线的上行趋势明显减缓，符合葛兰威尔第四卖出法则，说明浪 5 即将结束，投资者最好减仓或清仓。

在接下来的两个交易日，股价持续下跌，且 5 日均线明显拐头向下并下穿 10 日均线形成死叉，进一步佐证了浪 5 结束，投资者要果断清仓，以规避后市的大幅下跌行情。

5.3　均线与 MACD 指标的综合应用实战

MACD 指标是投资者使用频率最高的技术指标之一，它与均线有着非常密切的关系，本节就以该指标为例，讲解均线与技术指标的综合应用。

5.3.1　MACD 指标基本掌握

MACD 的英文全称是 Moving Average Convergence and Divergence，指标中的"MA"对应的是 Moving Average（移动平均），"CD"对应的是 Convergence（收敛）和 Divergence（发散），简称为"异同"二字，因此，MACD 指标也称异同移动平均线。下面从 MACD 指标的构成、交叉和背离这三个方面对该指标进行基本介绍。

1. MACD 指标的构成

MACD 指标在炒股软件中的副图窗口显示，如图 5-19 所示。

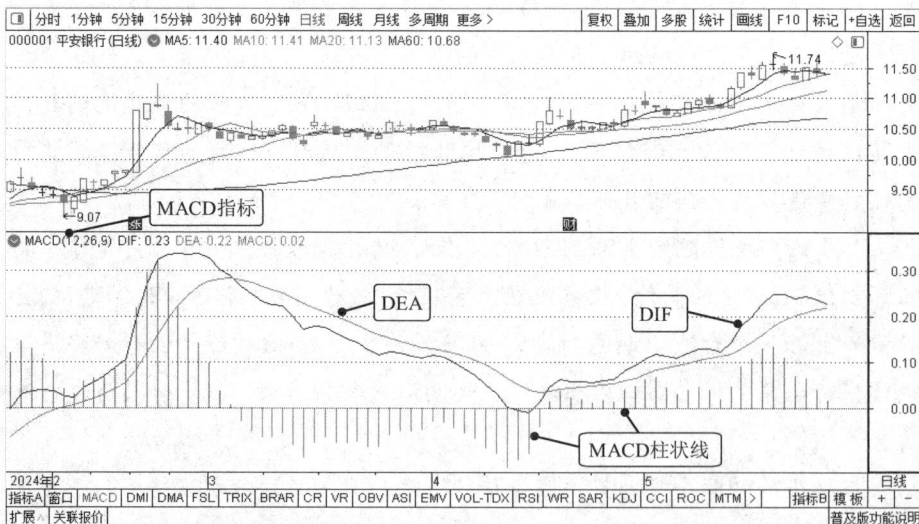

图 5-19　MACD 指标在炒股软件中的显示效果

从图 5-19 中可以看到，MACD 指标主要由 DIF、DEA 和 MACD 柱状线三个部分构成，各构成部分的具体介绍见表 5-6。

表 5-6　MACD 指标三大构成部分简介

构成	具体介绍
DIF	DIF 是短期指数移动平均线与长期指数移动平均线之间的差，用于反映指数移动平均线的聚合程度。 我国早期股市中一周有 6 个交易日，两周为 12 个交易日，一个月即为 26 个交易日，所以，DIF 就被设计为 12 日指数平均数与 26 日指数平均数的差值。因 DIF 取值间隔时间较短，图形波动比较迅速，所以又称快线。 DIF 是 MACD 指标中最具有指示意义的一条线，在实战中经常与股价走势呈现出高度的一致性。特别是 DIF 与 0 轴的位置关系，更是判断买卖点的关键分析要素，当 DIF 向上穿越 0 轴，预示后市行情将转好；当 DIF 向下跌破 0 轴，则后市行情看空
DEA	DEA 也称差离值移动平均数，是 DIF 的 M 日移动平均数，即是在 DIF 的基础上运用 EMA 的算法得到的平滑数值。因其取值的间隔时间稍长，图形波动更为平缓，所以称为慢线。 DEA 是 DIF 经过平滑计算处理后得出的，所以在使用 MACD 时通常以 DIF 为主，DEA 为辅。当 DIF 在低位向上突破 DEA 时，为买入信号；当 DIF 在高位向下突破 DEA 时，为卖出信号
MACD 柱状线	MACD 柱状线是用差离值减去异同平均数值的两倍得出的，可代表未来发展趋势的强弱程度。0 轴上方的 MACD 柱状线是红色的，0 轴下方的 MACD 柱状线是绿色的，能很好地表达出多空双方力量的强弱变化。 当 MACD 柱状线从红色转变为绿色，表明多方乏力，空方势力增加，此时应卖出。当 MACD 柱状线从绿色转变为红色，表明多方力量，占据主动，此时应买入

2. MACD 指标的交叉

由于 MACD 指标中的 DEA 线相对于 DIF 线来说变化相对较慢，因此，二者在运行过程中就会出现交叉。与均线一样，DIF 线与 DEA 线的交叉也分为黄金交叉和死亡交叉。下面分别介绍这两种交叉的构成和市场意义。

（1）MACD 黄金交叉

如果 DIF 线从下向上突破 DEA 线，二者形成的就是 MACD 黄金交叉，简称为金叉，如图 5-20 所示。

MACD 金叉出现的位置不同，其含义也不同具体如下：

①MACD 金叉在 0 轴上方，是强烈的买入信号。

②MACD 金叉在 0 轴附近，表明上涨趋势刚开始，后市上涨空间大，买入风险相对小。

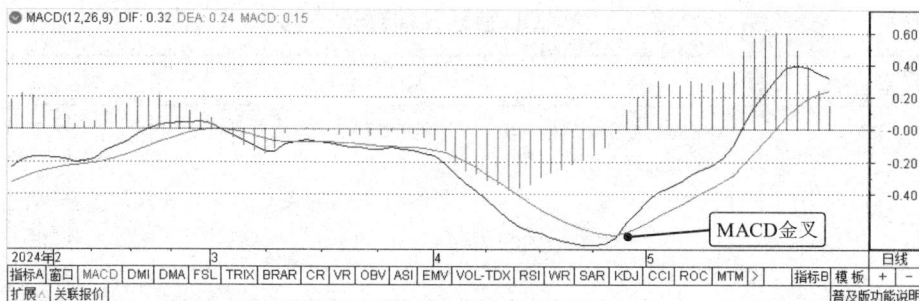

图 5-20　MACD 金叉

③MACD 金叉在 0 轴下方，表明市场中多方刚开始占据优势，上涨行情还未确立，此时买入成本低，风险也大。

（2）MACD 死亡交叉

如果 DIF 线从上向下跌破 DEA 线，二者形成的就是 MACD 死亡交叉，简称为死叉，如图 5-21 所示。

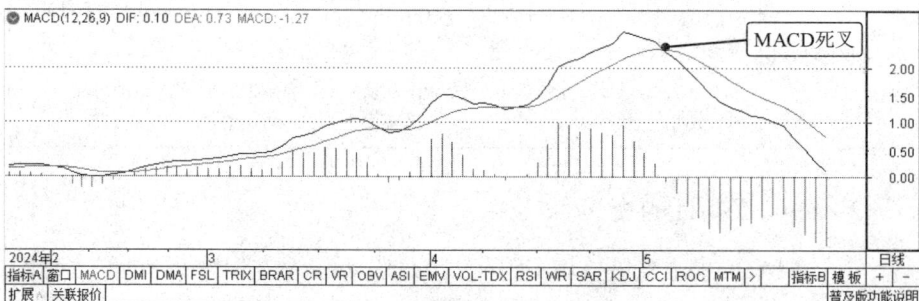

图 5-21　MACD 死叉

MACD 死叉出现的位置不同，其含义也不同，具体如下：

①出现在 0 轴下方的 MACD 死叉又称低位死叉，通常出现在下跌行情反弹阶段，意味着反弹结束，投资者应卖出。

②0 轴附近的 MACD 死叉表明市场中的下跌动能开始集聚，个股又将迎来新一轮下跌，为卖出信号。

③出现在 0 轴上方的死叉又称高位死叉，通常出现在上涨行情回调阶段，表明回调结束，但后市可能还将继续上涨，投资者可持股观望，也可适当减仓。

3. MACD 指标的背离

MACD 指标的背离主要是指 MACD 指标运行趋势与股价相反的情况。在低位或底部出现的背离即为底背离，在高位或顶部出现的背离称为顶背离。

MACD 指标的三个构成部分都能与股价的走势形成背离，其中 DIF 线与 DEA 线在股价顶背离中的意义基本一致。

下面具体介绍 MACD 指标线和 MACD 柱状线这两个构成部分与股价的背离形态及其市场意义，具体见表 5-7。

表 5-7　MACD 指标的背离

背离类型	子类	具体介绍
顶背离	MACD 指标线与股价顶背离	股价与 MACD 指标线的顶背离是指在上涨趋势中，股价连创新高，MACD 指标线却没有创出新高。它表明市场中的下跌动能不断聚集，空方力量变强，后市看空，是卖出信号。 在实战中，当 MACD 指标线与股价出现两次甚至多次顶背离时，说明市场下跌动能强劲，后市可能很快就会迎来一轮凶猛的下跌。另外，MACD 指标线与股价发生顶背离 DIF 会向下运动靠近 0 轴，离 0 轴越近，说明下跌动能越强劲，卖出信号就越可靠
	MACD 柱状线与股价的顶背离	MACD 柱状线与股价的顶背离是指当股价持续上涨中连创新高，同时期 MACD 柱状线形成的波峰峰值却逐渐降低。它表明市场中的上涨动能开始减弱，在顶背离结束后行情有反转的可能。 顶背离形成后的波峰是第一卖点，投资者应进行减仓；红色柱状线转换为绿色柱状线是第二卖点，投资者应果断清仓离场，避免在后市遭受更大损失
底背离	MACD 指标线与股价底背离	MACD 指标线与股价底背离是指在下跌趋势中，股价连创新低，MACD 指标线却没有随股价下跌而下跌，说明市场中的上涨动能正在逐渐集聚，后市上涨的概率较大。 在实战中，当 MACD 指标线与股价出现两次甚至多次底背离时，说明市场中上涨动能强劲，多方力量强大，后市行情极为乐观
	MACD 柱状线与股价的底背离	MACD 柱状线与股价的底背离是指当股价持续下跌连创新低，同时期 MACD 柱状线形成的波谷却逐渐升高。它表明市场中的下跌动能开始减弱，底背离结束之后行情有可能发生反转。 底背离形成后的波谷是第一买点，投资者可试探性少量买入；绿色柱状线转换为红色柱状线时是第二买点，投资者可加仓

拓展知识 MACD 柱状线的缩头和抽脚

　　MACD 柱状线缩头是指在 0 轴上方，MACD 红色柱状线相较于前一交易日缩短的形态。MACD 柱状线抽脚是指在 0 轴下方，MACD 绿色柱状线相较于前一交易日回升的形态，如图 5-22 所示。

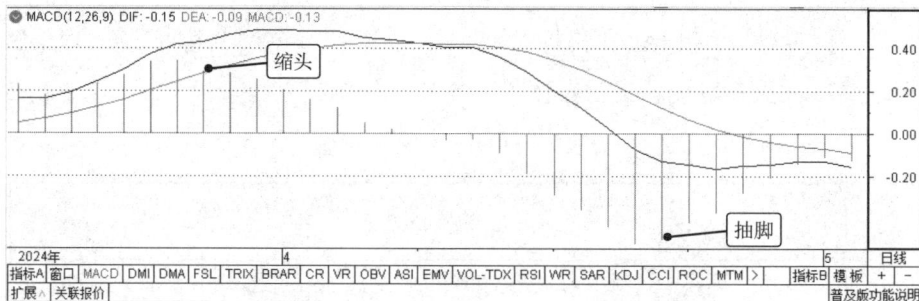

图 5-22　MACD 柱状线的抽脚和缩头形态

　　这里需要特别说明的是，虽然 DEA 线与股价背离的意义与 DIF 线基本一致，但是 DEA 线与股价背离所需的时间较长，数量也相对较少，因此，实战中不常运用 DEA 线来分析背离形态。

5.3.2　均线与 MACD 指标结合找底部

　　在股价大幅下跌的低位或底部，若 MACD 指标出现底背离形态，则行情大概率会见底回升。如果股价止跌企稳后，均线出现金叉、银山谷、蛟龙出海等看涨信号，激进型的投资者可以轻仓抄底。

　　如果之后股价逐步上行到 60 日均线上方，且 60 日均线也向上运行，则更加确定行情已经见底反转。虽然此时买入成本提高了，但是买入风险会更小。

　　下面来看一个具体的实例。

实例分析 海德股份（000567）MACD 指标底背离后结合均线找买点

　　图 5-23 为海德股份 2020 年 11 月至 2021 年 2 月的 K 线走势。

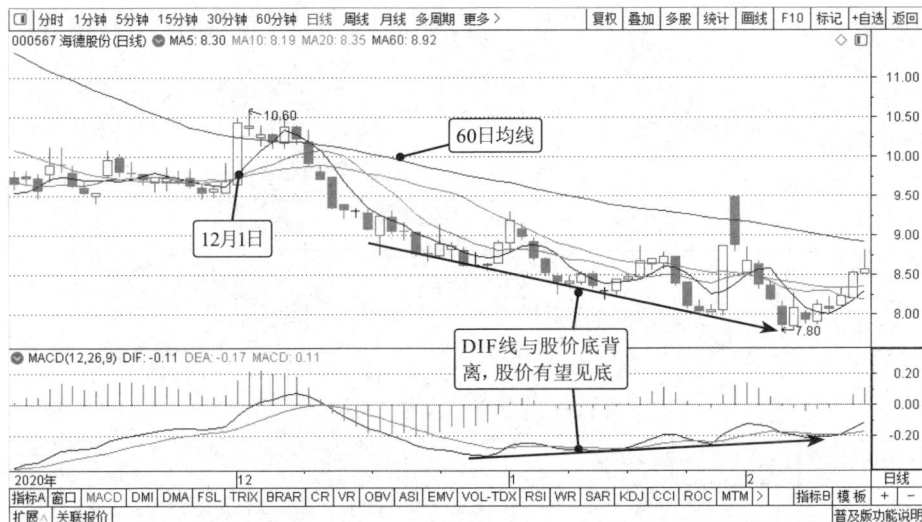

图 5-23　海德股份 2020 年 11 月至 2021 年 2 月的 K 线走势

从图 5-23 中可以看到，该股经历一波大幅下跌后在 11 月运行到低位止跌，之后进入横盘整理阶段，低位始终受到 9.50 元价位线的支撑。

12 月 1 日，该股以 7.63% 的涨幅收出一根大阳线直接上穿 60 日均线，但是并没有持续多久，在接下来的两三天便开始回落，之后更是连续收阴跌破 9.50 元的支撑位，开启新一轮的下跌。

在之后的下跌过程中，股价的波动幅度不算大，低点逐步向下，最终在 2021 年 2 月创出 7.80 元的新低后止跌。

观察同时期的 MACD 指标可以发现，在股价连续收阴跌破 9.50 元的支撑位时，DIF 线拐头在 0 轴上方跌破 DEA 线，MACD 柱状线也由红变绿，说明此时市场中的空方势力优于多方。

但是随着股价的不断震荡下跌，DIF 线却在 0 轴下方拐头向上波动，且低点一个比一个高，与下跌的股价形成典型的背离走势，这意味着股价有希望见底。

下面放大股价止跌前后的走势进行具体分析，如图 5-24 所示。

从图 5-24 中可以看到，该股创出 7.80 元的新低后短暂横盘了几个交易日，带动 DIF 线从下向上穿过 DEA 线形成金叉，MACD 柱状线翻红。5 日均线向上穿过 10 日均线后带劲其向上相继突破 20 日均线形成银山谷形态。技术面多次发出的看涨信号增强了股价见底回升的可能性，激进型的投资者可以择机抄底。

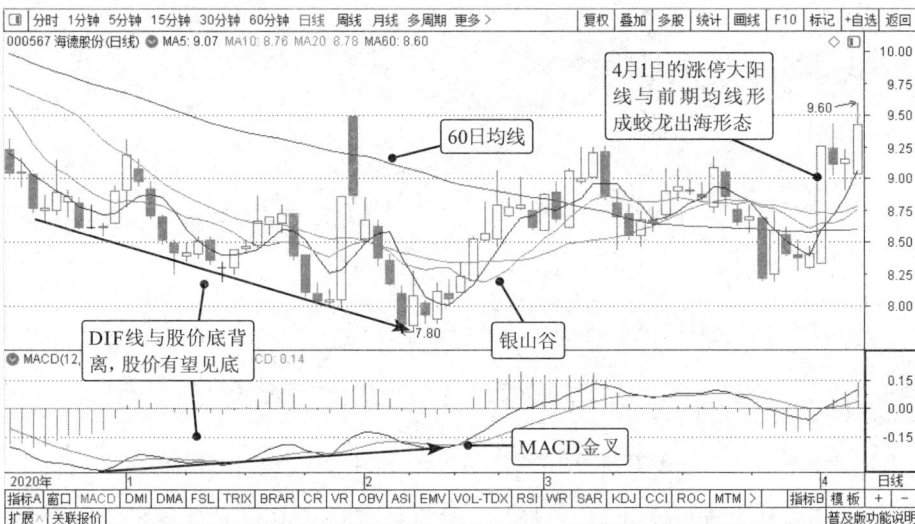

图 5-24　海德股份 2020 年 12 月至 2021 年 4 月的 K 线走势

但是需要注意的是，此时的 60 日均线只是跌势减缓，整体仍然处于下行趋势，抄底一定要轻仓。

之后股价不断上扬，带动其他均线上行靠近 60 日均线，DIF 线和 DEA 线也先后上穿到 0 轴上方，市场做多氛围积极。

股价在上涨到 9.00 元价位线附近后滞涨横向整理，均线聚拢后缠绕在一起，走势暂时进入胶着状态。

4 月 1 日，该股收出一根涨停大阳线并一举穿过所有均线，形成蛟龙出海形态。此时 60 日均线已经走平且有向上运行的趋势，说明见底信号初步确认，投资者可以根据自己的操作策略买进。

图 5-25 为海德股份 2020 年 12 月至 2021 年 7 月的 K 线走势。

从图 5-25 中可以看到，该股在走出蛟龙出海看涨形态后，所有均线向上发散急速拉升。最终股价在穿过 11.00 元价位线后回落，但是在 9.00 元价位线处获得支撑，未跌破向上运行的 60 日均线，形成典型的葛兰威尔第二买入法则的买点。此时上升趋势已经十分明显，因此，这是一个比较可靠的买点。场外投资者可以买入，场内投资者也可以根据自己的操作策略加仓，虽然买入的成本会高于前面两个买点的成本，但是安全性更高。

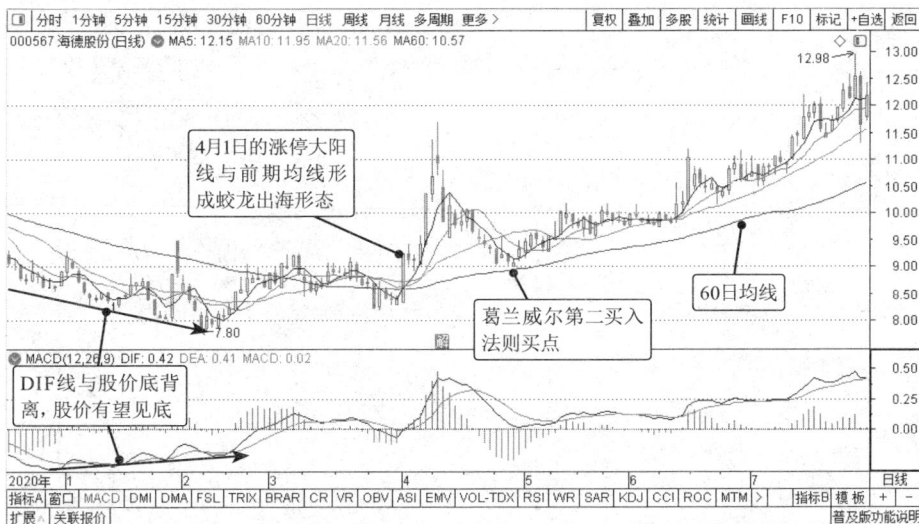

图 5-25　海德股份 2020 年 12 月至 2021 年 7 月的 K 线走势

5.3.3　均线与 MACD 指标结合找顶部

在股价大幅上涨的高位或顶部，若 MACD 指标出现顶背离形态，则行情大概率会见顶回落。如果股价高位滞涨或回落后，均线出现死叉、死亡谷等看跌信号，稳健型的投资者最好减仓甚至清仓。

如果之后短周期均线相继拐头向下，且 60 日均线也走平并有向下运行的趋势或已经向下，则更加确定行情已经见顶反转，在这种情况下，场内投资者要尽早卖出，及时止损。

下面来看一个具体的实例。

实例分析 威孚高科（000581）MACD 指标顶背离后结合均线找卖点

图 5-26 为威孚高科 2019 年 8 月至 2020 年 11 月的 K 线走势。

从图 5-26 中可以看到，该股在创出 11.98 元的新低后低位横向整理一段时间后便企稳回升步入上涨，上涨期间大部分时间都受到 60 日均线的良好支撑。尤其在进入 2020 年 3 月之后，该股更是在 60 日均线上方走出一波浪形规律的拉升行情，并在 11 月底创出 24.69 元的新高。

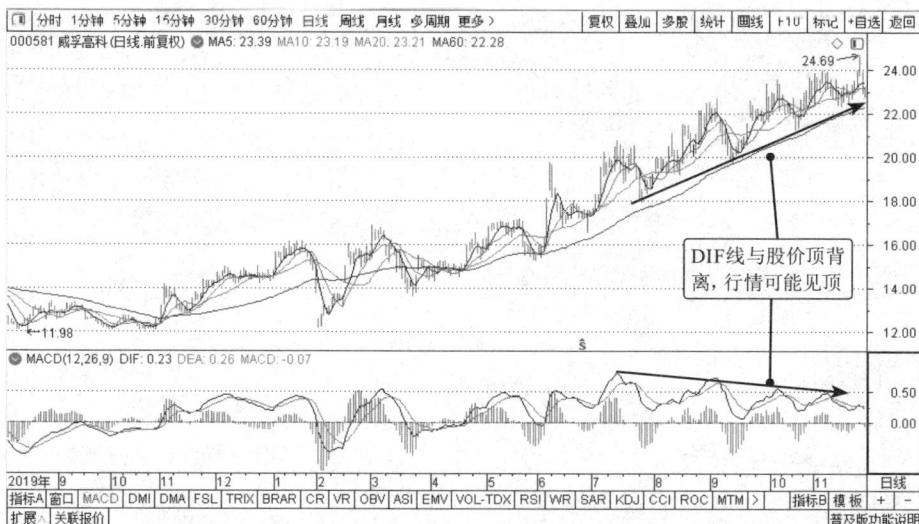

图 5-26 威孚高科 2019 年 8 月至 2020 年 11 月的 K 线走势

观察同时期的 MACD 指标可以发现，在进入 2020 年 3 月之后，DIF 线和 DEA 线大部分时间都在 0 轴上方波动，且高点基本上都在 0 ～ 0.5 内。

进入 7 月后，DIF 线率先突破到 0.5 线上方，随后跟随股价继续波动，但是顶点却一波比一波低，与股价的震荡向上走势形成背离。

股价从最低的 11.98 元上涨到最高 24.69 元，涨幅已经超过 106%，此时出现的背离形态预示该股后市大概率会见顶，即使不见顶，也可能有一波较大的调整。为了规避行情见顶风险，稳健型的投资者应该逢高减仓甚至清仓。

下面放大股价与 DIF 线顶背离形态前后的走势进行具体分析，如图 5-27 所示。

从图 5-27 中可以看到，该股在创出 24.69 元新高的次日便收阴跌破 5 日均线、10 日均线和 20 日均线，5 日均线率先拐头向下，10 日均线和 20 日均线也走平并有向下的趋势。

在接下来的三个交易日中，股价继续下跌并触及走平的 60 日均线，5 日均线与 10 日均线和 20 日均线也形成死叉，加强了前期顶背离的见顶信号，此时稳健型的投资者应该考虑卖出持股，离场观望。

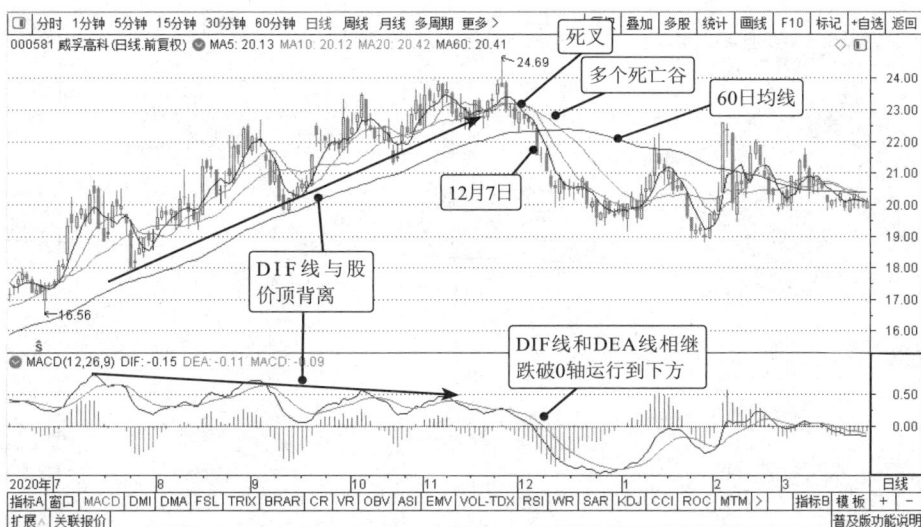

图 5-27 威孚高科 2020 年 6 月至 2021 年 3 月的 K 线走势

12月7日，该股低开后一路低走，当日以 4.26% 的跌幅收出一根大阴线，直接跌破走平的 60 日均线，5 日均线、10 日均线和 20 日均线向下发散形成空头排列，并在随后相继跌破 60 日均线形成多个死亡谷，进一步确定了行情已经见顶步入下跌。

同时观察 MACD 指标发现，MACD 柱状线已经翻绿，且 DIF 线和 DEA 线相继跌破 0 轴运行到下方，更加说明此时市场以空方势力为主，后市看跌，此时还留在场内的投资者要果断清仓出局，及时止损。

之后股价虽然出现企稳走势，但是 60 日均线呈现明显的向下走势，且 DIF 线和 DEA 线大部分时间都在 0 轴下方运行，说明此时市场仍然处于弱势，投资者要借助这波企稳走势及时卖出。

图 5-28 为威孚高科 2020 年 9 月至 2022 年 10 月的 K 线走势。

从图 5-28 中可以看到，该股见顶回落后下跌持续的时间非常长。如果投资者在前期没有及早离场，那么将被深度套牢，损失巨大。

通过上述这个案例也进一步强调了在实战中，投资者一定要审慎对待每一个发出的看跌信号。当多个技术指标先后发出或同时发出看跌信号时，更应谨慎对待持有股票。

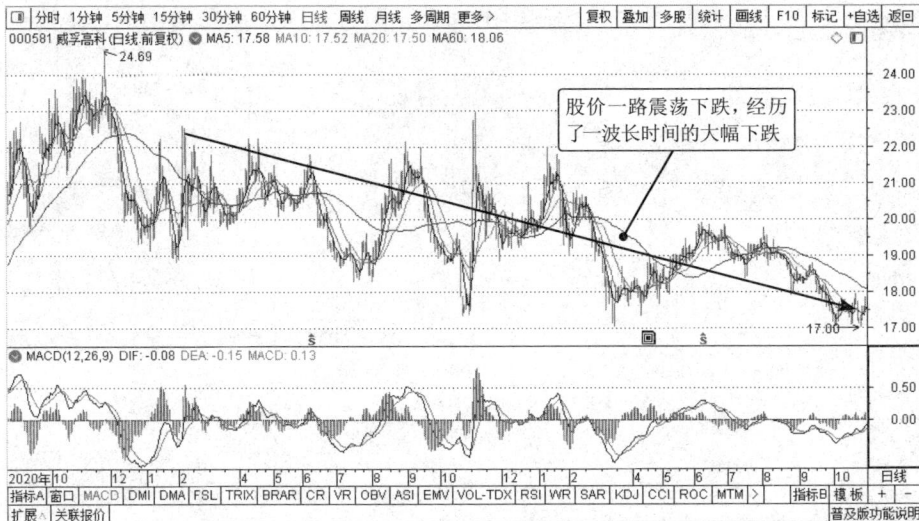

图 5-28　威孚高科 2020 年 9 月至 2022 年 10 月的 K 线走势

　　至此，本章介绍的均线与其他技术综合应用的内容就讲解完了。但是请注意，书中内容仅从知识应用的角度来介绍这些分析技术与均线综合应用的方法，不能作为实战操作中的唯一预判依据，投资者要通过这些知识了解均线与其他技术综合应用的核心要点——多种技术发出的看涨看跌信号共振，从而提高预测的可靠性。

　　最后希望投资者都能通过学习、理解与掌握知识，培养出举一反三的能力，并在实战中进行灵活应用，提高决策的成功率。